LA FORTIFICATION MODERNE

ou

CONSIDÉRATIONS GÉNÉRALES SUR L'ÉTAT ACTUEL DE L'ART DE FORTIFIER LES PLACES.

LA
FORTIFICATION MODERNE

OU

CONSIDÉRATIONS GÉNÉRALES

SUR L'ÉTAT ACTUEL DE L'ART DE FORTIFIER LES PLACES

PAR

LE COLONEL DON ÉMILIO BERNALDEZ.

MÉMOIRE COURONNÉ AU CONCOURS DE 1859.

Traduit de l'espagnol avec autorisation de l'auteur.

AVEC ATLAS.

PARIS

LIBRAIRIE MILITAIRE, MARITIME ET POLYTECHNIQUE
J. CORRÉARD, Éditeur,

PLACE SAINT-ANDRÉ-DES-ARTS, 3.

Maison de la Fontaine Saint-Michel.

1862

LA FORTIFICATION MODERNE,

ou

CONSIDÉRATIONS GÉNÉRALES SUR L'ÉTAT ACTUEL DE L'ART DE FORTIFIER LES PLACES.

INTRODUCTION.

La science de la guerre, de même que toutes les autres connaissances humaines, suit, depuis son origine, une marche aussi lente qu'imposante pour atteindre à sa perfection. Elle doit ses progrès à l'appui que lui prêtent les autres sciences, aux progrès de l'industrie, aux enseignements presque continus de l'expérience et au travail persévérant d'hommes de génie aimant l'étude, passionnés pour la carrière des armes et capables d'apprécier la valeur de la renommée et de la gloire, sublime mais trop souvent unique récompense du vrai mérite. Cependant il y a des époques choisies où apparaissent ces géants d'intelligence qui, par l'élévation de leurs idées, la profondeur de leurs vues et la puissance de leur parole, font, en un jour, franchir à la science un espace que ne sauraient lui faire parcourir, par des efforts successifs ou simultanés, des milliers d'esprits ordinaires réunis.

Depuis la transformation naturelle, inévitable que la découverte de la poudre et l'application de ce produit ont fait subir à l'art de la guerre, la forme et l'organisation des ouvrages de défense ne se sont développées que d'une manière insignifiante, jusqu'au moment où parut le célèbre ingénieur Vauban. Ce *héros de l'art d'assiéger les places,* comme l'appelle Zastrow, imagina l'usage des parallèles et le tir à ricochet, imprima ainsi un nouveau caractère à la guerre de siége et changea visiblement les principes qui jusqu'alors avaient servi de base à l'attaque et à la défense des forteresses. La multitude de places fortes qu'il construisit et les importantes améliorations qu'il apporta à celles qui existaient déjà, lui valurent une réputation européenne : ses tracés furent regardés comme la perfection de l'art, de sorte que, depuis cette époque, toutes les places et toutes les positions militaires de quelque importance furent fortifiées d'une manière semblable, et, pour ainsi dire, systématique, sans autres modifications que celles qu'exigeaient, dans chaque pays et dans chaque cas particulier, la nature et la configuration du sol, ainsi que d'autres considérations militaires analogues. Mais au commencement de la seconde moitié du dix-huitième siècle, un autre général français, homme de génie et d'expérience militaire, condamna, avec l'audace et l'enthousiasme d'un novateur, comme défectueux et même comme funestes, la plupart des principes de défense regardés jusqu'alors non-seulement comme bons et avantageux, mais comme uniques et irréformables, et il entreprit de les remplacer par des principes d'un caractère tout différent. La publication de ses écrits à elle seule menaça de produire une révolution complète dans l'art de fortifier les places, et, comme il arrive toujours en pareil cas, ses idées qui choquèrent le monde du génie militaire, éprouvèrent une opposition violente. C'est surtout dans sa patrie qu'elles furent combattues avec l'acharnement d'une passion aussi aveugle qu'injuste. Le général du génie Fourcroy, homme compétent, alla jusqu'à dire que toutes propositions tendantes à introduire des améliorations dans l'art, devaient être regardées comme une preuve certaine de l'ignorance de son auteur, aucune méthode ne pouvant l'emporter sur celle de Cormontaigne, modificateur de Vauban.

Voilà une partie des hérésies scientifiques qui s'écrivirent avec une extrême intempérance contre l'inventeur de la fortification perpendiculaire. Celui-ci, à son tour, rendit avec autant d'énergie que peu d'urbanité les termes durs que lui avaient jetés ses antagonistes. Le célèbre Carnot lui-même condamna d'abord comme absurdes les projets de réforme de Montalembert ; mais, quelques années après, instruit sans doute par l'expérience, il adopta plusieurs de ses idées principales, et il alla même, pour s'excuser de sa première critique, jusqu'à écrire : « Qu'on laisse au temps le soin de mûrir les idées : qu'il vous suffise pour le moment d'avoir la conviction que votre théorie formera bientôt la base de notre système de défense. »

Cette opposition des ingénieurs français proviendrait-elle, comme on l'a dit, de ce que Montalembert n'appartenait pas au corps du génie français, ou de ce que ses idées sont trop neuves et insolites pour pouvoir être adoptées à défaut de la sanction de l'expérience, ou enfin serait-elle née de l'évidence de leur absurdité? La raison ne permet pas de croire au premier motif; l'histoire démontre la fausseté du deuxième, et l'expérience met la troisième à néant.

On a aussi attribué cette opposition à la crainte de voir tomber en discrédit les nombreuses places fortes construites en France d'après les principes de la fortification bastionnée (abaluartada). Les télégraphes électriques menaçaient aussi, au dire de certaines personnes, l'existence des télégraphes optiques, et cependant, en dépit de la réponse défavorable du comité des arts et manufactures (1) de France, cette invention fut mise en usage et ap-

(1) A la date du 31 décembre 1836, un ministre français répondit à l'inventeur du télégraphe électrique : « La commission, après avoir examiné à fond les moyens et procédés que vous proposez, est d'avis que le télégraphe électrique ne pourra jamais s'appliquer sur une grande échelle... Vous comprenez que, dans cette supposition, il n'y a pas lieu de s'occuper plus longtemps du système qui est l'objet de votre mémoire. »

De même F. Arago et Thiers, et encore d'autres sommités scientifiques, déclarèrent impossibles et absurdes les premiers projets de chemin de fer, et en qualifièrent les auteurs de visionnaires. Fulton présenta au consul Bonaparte un mémoire sur l'invention des bateaux à vapeur. Le mémoire fut renvoyé à l'Institut de France qui déclara que le prétendu

pliquée dès que la supériorité de ses avantages fut reconnue.

Nous pourrions en dire autant des voies de fer et des navires à vapeur. Ce qui fait perdre aux places fortes leur réputation usurpée, c'est l'observation du fait que leur force défensive n'est pas en proportion ni ne marche de pair avec le développement des moyens d'attaque.

Quoi qu'il en soit, le fait est que les ingénieurs français ont donné la préférence à la méthode bastionnée sous la forme usitée à cette époque, c'est-à-dire à la méthode de l'école de Mézières, dans laquelle furent introduites plusieurs réformes excellentes par des ingénieurs éminents tels que Chasseloup, Dufour, Noizet, Haxo et Choumara. C'est sans doute à cause de cette prétention de maintenir à tout prix la forme bastionnée, qu'il convient d'appeler ce genre de tracé *Fortification Française*.

En Russie, en Angleterre, en Suède, en Hol-

inventeur n'était qu'un exalté fantasque. Douze ans plus tard, Bonaparte, déjà empereur, se trouvant sur le *Northumberland*, et voyant croiser un steamboat, s'écria : « Fiez-vous donc aux savants ! »

lande, en Belgique, aux États-Unis et en Espagne, on a suivi une autre méthode. Dans tous ces pays on voit aujourd'hui des constructions modernes et des plans fondés sur les principes de Montalembert; mais c'est surtout en Allemagne que ces principes furent accueillis avec faveur. A peine seize ans étaient écoulés depuis la mort de Montalembert (1797), que les Allemands commencèrent à exécuter des ouvrages développés dans le sens de ses idées. C'est pour cette raison qu'on appelle ce genre *Fortification Allemande*.

Il y a peu d'années on disait encore : *Fortification Espagnole, Italienne et Hollandaise*.

La base de ces espèces était la simple combinaison des deux bastions unis par la courtine; mais la première différait des deux autres en ce que ses deux angles flanqués avaient plus de 90° et que ses lignes de défense étaient rasantes; la deuxième, en ce que ses angles étaient aigus et que les bastions avaient de seconds flancs; la troisième, en ce que les mêmes angles saillants étaient droits pour les polygones de plus de 8 côtés. On peut dire que ces trois espèces sont tombées en désuétude, de sorte qu'il n'existe plus que le genre français et le genre allemand.

Ces deux dénominations qui qualifient ou caractérisent deux méthodes générales différentes de fortification, ont été et sont encore à l'heure qu'il est, une des causes qui empêchent l'art de la fortification de s'élever à un degré de développement proportionnel à celui où ont atteint d'autres branches de connaissances corrélatives.

Tel est, à notre avis, le résultat de la rivalité entre deux grandes nations militaires, résultat toujours fâcheux et préjudiciable à la science qui se trouve ainsi scindée en deux et forcée à suivre deux voies différentes avec le dessein prémédité de disputer constamment sur la question de savoir laquelle des deux est la meilleure ; tandis qu'au point de vue des principes généraux, le seul vrai, la science de l'ingénieur ne doit avoir qu'un seul et même but, celui *de fortifier*, qu'un seul et même nom, celui de *fortification*, ancienne ou moderne, selon le rapport d'antériorité et de postériorité de temps.

Ce n'est que par suite d'un éblouissement en faveur de leur patrie et de ses hommes de génie, que les ingénieurs français peuvent prétendre que le tracé bastionné est le nec plus ultra de la science, et nier les avantages que présentent les feux couverts, la bonne application que peuvent recevoir les ouvrages dits indépendants, etc.

De même, les Allemands se tromperaient grandement en méconnaissant le bien que le génie français a fait en l'espèce et en conspuant absolument la forme bastionnée, en niant l'excellence des dispositions établies par Haxo pour couvrir l'artillerie, l'usage souvent très-avantageux des glacis intérieurs, et d'autres heureuses mesures adoptées par l'école française.

Heureusement qu'en France aussi bien qu'en Allemagne, comme nous verrons plus loin, on reconnaît que l'unité de l'art et celle du problème qu'il s'agit de résoudre, exigent la réunion de tous les bons principes de défense, à quelque école qu'ils appartiennent. C'est l'ensemble de ces principes en apparence opposés dont le développement date du commencement du dix-neuvième siècle, que nous appelons *Fortification Moderne*. C'est de la combinaison de ces principes appartenant à deux écoles différentes que nous avons fait l'objet de nos études. En consignant dans les pages suivantes le résultat de notre travail, nous nous adressons de préférence à nos compagnons d'armes. Nous supprimons donc toute description détaillée des nombreux modes de fortification qui ont été inventés et qui sont connus de tous, de même que les plans qui donneraient une plus grande clarté à notre exposition. Pour faire un travail plus complet, nous manquons également d'intelligence, de temps et de moyens matériels. Nous indiquerons seulement en passant ce qui suffit à notre dessein, la nécessité de la fusion des deux systèmes dits allemands et français, par la combinaison des fondements sur lesquels ils s'appuient, et par l'échange réciproque de leurs avantages et propriétés. Ce n'est que par suite de cet échange amiable que la science peut atteindre à la perfection tant désirée et rendre son importance perdue à la guerre de siége et à la science de l'ingénieur militaire.

On nous dira que la fusion d'éléments aussi discordants est impossible, ou du moins très-difficile. Cependant cette impossibilité ne peut être qu'apparente, toutes les fois que, comme nous avons dit, les éléments réunis tendent à la même fin. Ce qui est vraiment difficile, c'est de réprimer les mouvements de l'amour-propre qui domine les nations non moins que les individus, et qui, pour les unes et les autres, est en général le mobile des belles actions, mais qui, en matière de science et d'intérêt général, doit être resserré dans des limites déterminées, être mis de côté et remplacé par l'amour du vrai, premier et unique objet de toutes les sciences.

CHAPITRE PREMIER.

Montalembert. — Ses projets et plans.

————

Toute la théorie de Montalembert se trouve résumée dans la proposition suivante : *Les progrés
de l'artillerie et l'invention des parallèles ont donné
à l'attaque des places de guerre une supériorité décidée comparativement à la défense. Donc, en accu-
mulant sur les points d'une position fortifiée les plus
exposés aux attaques, c'est-à-dire sur les points où
doit se réaliser une attaque décisive de canon à canon, une quantité de pièces d'artillerie telles qu'à
raison de leur nombre et de leur disposition elles
puissent empêcher ou ralentir la marche de la sape
et l'établissement des batteries, nous réussirons à
élever la défense à la hauteur de l'attaque.*

Mais, pour tirer de cette artillerie tout le parti
possible et lui conserver son action jusqu'au der-

nier moment, il est nécessaire de la garantir contre les feux que l'assiégeant peut y diriger de tous les points et dans toutes les directions : de cette manière, l'assiégé jouit de l'avantage de choisir la position la plus avantageuse pour le but qu'il a en vue. De même, il est indispensable de veiller à la garde des munitions qu'exige le service de la place et d'abriter les troupes qui doivent la servir et la défendre. Le moyen principal dont Montalembert se sert pour satisfaire à ces conditions, c'est l'usage des casemates ou des constructions en maçonnerie, creuse ou concave. Mais l'emploi de ces constructions dans le tracé bastionné tel qu'il existait alors, entraînait un inconvénient énorme pour les fronts et une augmentation considérable de garnison pour garder la place.

Cette circonstance reconnue par Montalembert et ses partisans nous dispense de nous occuper de la manière dont il a cherché à appliquer aux fronts ses constructions concaves. Ce qu'il y a de vraiment remarquable dans son idée, ce sont les tracés dont il est l'inventeur et par lesquels il se propose de remplacer avantageusement le tracé bastionné.

D'après lui, l'espace compris, sur un front bastionné (Pl. Ire, fig. 1) entre les flancs et la courtine, est entièrement perdu pour la défense et pour la capacité intérieure de l'ouvrage, parce que la tenaille qui l'occupe n'est pas défendue par elle-même et qu'elle est dominée par tous les ouvrages extérieurs sur lesquels peut s'établir l'assiégeant.

La demi-lune défend mal le front qu'il s'agit de couvrir, et, à raison de ses communications imparfaites avec l'enceinte principale, le front ne peut être que faiblement protégé.

Toutes les batteries de l'assiégeant atteignent les bations, par feux directs, par élévation, par enfilade, et même en prenant à revers les flancs par le moyen des rebondissements et des feux courbes éparpillés.

Toute l'artillerie de la place étant découverte, est promptement et facilement détruite par l'assiégeant dès ses premiers logements.

Sur le front bastionné il n'est pas possible de donner au fusil toute sa portée, parce que, les faces opposées des deux bastions d'un front étant défendues par les flancs, il s'accomplit sur la face principale du même front un croisement de feux perdu pour la défense.

La courtine, la ligne la plus longue de la fortification bastionnée, contribue à peine à la défense :

l'argent consacré à sa construction est donc perdu.

Les retranchements permanents qui peuvent être établis à la gorge des bastions, sont trop petits pour donner aux flancs une extension suffisante. Les flancs des bastions contribuent peu à la défense. Les parapets de flancs sont presque entièrement détruits par les batteries de l'assiégeant. La fusillade de flanc est insuffisante pour neutraliser les travaux de l'assiégeant, et l'expérience confirme qu'elle n'est d'aucun effet pour conjurer le passage du fossé. L'établissement de la brèche sur une simple enceinte bastionnée entraîne la reddition de la place.

La garnison de la place manque absolumement d'abris durant le siége. Quant aux ouvrages extérieurs, dit Montalembert, ils augmentent considérablement la dépense de construction d'une place, ils exigent une nombreuse garnison et ne peuvent recevoir de l'enceinte principale un appui efficace, parce qu'ils se trouvent tous placés du côté opposé au fossé ; par suite, ils n'ont pas de communications solides et sûres avec ce côté, et le feu par lequel les parapets de la place prétendent le protéger, est plutôt un motif de crainte pour la garnison qu'un appui réel et véritable : cette crainte est fondée toutes les fois que le soldat placé derrière lesdits parapets envoie ses feux, surtout de nuit, à la gorge de ces ouvrages extérieurs et risque ainsi de blesser ou tuer ses compagnons d'armes : enfin, l'assiégeant, sans grands efforts, s'empare de ces ouvrages extérieurs, en détruisant par le feu de ses mortiers et de ses obusiers, l'artillerie qui s'y trouve sur ses affûts et la garnison qui les garde dans un espace qui n'est pas couvert.

L'examen critique des qualités d'un front bastionné amena l'auteur dont nous allons nous occuper, à varier la disposition de ses lignes, ainsi que leur organisation.

A cet effet, il établit les principes suivants :

1° Un flanc étendu vaut mieux qu'un flanc peu développé ;

2° Un flanc abrité par des casemates contre l'effet des bombes vaut mieux qu'un flanc découvert ;

3° Une batterie découverte à 4 ou 5 pièces d'artillerie, telles que les batteries de brèche ou les contre-batteries ennemies, est impuissante à détruire une batterie casematée deux fois plus forte : c'est celle-ci qui abattra l'autre ;

4° Le moyen le plus sûr d'obtenir la force défensive d'une muraille, c'est de détruire les batte-

.ries ennemies qui doivent la battre en brèche, et les meilleurs murs sont ceux sur le front desquels ne peut pas s'établir une batterie ;

5° Une fortification est d'autant meilleure que, toute proportion gardée, elle embrasse plus d'espace intérieur.

Voyons maintenant les tracés que propose l'auteur pour échapper aux inconvénients qu'il met à la charge du système bastionné.

I. — Reconnaissant comme inutiles et coûteuses la tenaille et la courtine, il les rejette, et prolonge les têtes de bastion de manière à les unir aux flancs, également prolongés, de la redoute de la demi-lune. De cette disposition il résulte que la défense principale du front et des flancs de bastion étant transportée au centre de côté du polygone, les lignes de défense sont beaucoup plus courtes, et la quantité de feux qui peut s'accumuler sur cet ouvrage central, est plus grande que la quantité réunie sur les flancs, à cause de l'étendue d'emplacement qui en résulte pour l'artillerie.

Ces données acquises, il traça un front *tenaillé* (atenazado); dit aussi *perpendiculaire*, parce que ses angles rentrants sont de 90°.

II. — Convaincu de l'avantage qu'il y a à agrandir le côté du polygone, à éviter le reculement des lignes de la fortification, à diminuer les angles rentrants d'un front et à charger de la défense de celui-ci une grande caponnière ou ouvrage principal armé d'une abondante artillerie et situé dans le grand fossé, il modifie jusqu'à un certain point le tracé précédent, et il en résulte *la fortification polygonale*.

III. — Mais, observant ensuite que, pour trouver où placer ses nombreuses batteries couvertes en diminuant, autant que possible, le développement des ouvrages, il convenait de circonscrire et de combiner un grand espace avec le moindre périmètre, et, pour que tous les points du périmètre eussent une force égale, il propose le tracé circulaire pour l'enceinte, et il en résulte sa *fortification circulaire*.

IV. — Enfin, il considère l'ensemble des ouvrages qui constituent une place de guerre comme situé dans un pays accidenté, cas qui se réalise le plus souvent ; il étudie le moyen de les renforcer de manière qu'il en résulte un tracé plus simple et moins coûteux ; il cherche à se rendre maître de tous les points qui dominent la position ou qui de toute autre manière peuvent être nuisibles à l'assiégé ; il se propose comme but principal d'écarter davantage les attaques pour épargner à une ville murée les horreurs d'un bombardement, et se décide pour la méthode des forts détachés, qui, par là même qu'ils ne peuvent pas, en certains cas, recevoir un appui actif et efficace de la place, ont à se défendre par eux-mêmes comme les ouvrages indépendants sont censés le faire dans le système bastionné, et, dans le grand espace que plusieurs de ceux-ci embrassent et protègent, il découvre leur utilité à établir de grands camps retranchés.

Disons quelques mots de ces nouveaux tracés d'où a disparu le bastion, le meilleur des ouvrages de défense, comme l'appelle M. Mangin.

FORTIFICATION TENAILLÉE OU PERPENDICULAIRE.

La grande force défensive de cette espèce de fortification consiste principalement :

1° Dans ses nombreuses casemates qui abritent une très-grande quantité de pièces d'artillerie disposées de telle manière que les unes flanquent les fossés et les têtes des angles sortants en inondant les approches de feux, tandis que les autres sont en réserve pour le dernier période de la défense et ce

sont les pièces des tours ou retranchements extrêmes de la place qui jouent ce rôle ; 2° dans les galeries dont l'assiégeant ne peut se rendre maître
que successivement et par parties ; 3° dans les quatre enceintes qui sont construites séparément et
solidement protégées par des fossés larges, enceintes dont la principale se défend par elle-même ;
4° dans la grande quantité de communications sûres qui existent entre les ouvrages des deux côtés
du fossé ; 5° dans la protection que donne aux
troupes et aux munitions de toute espèce la multitude d'abris sûrs.

On a dit que ce genre de fortification exige des
sommes énormes à cause des grands ouvrages de
maçonnerie qu'il entraîne ; que dans une attaque
de surprise l'ennemi pénétrerait dans les casemates par les meurtrières ; que les murs masquants
qui couvrent ces dernières sont trop faibles et,
partant, faciles à détruire ; cette destruction s'ac-
complira du moment que l'assiégeant établira ses
premières batteries, c'est-à-dire qu'elle se réali-
sera à grande distance ; enfin qu'il ne sera pas possible de servir l'artillerie dans les casemates, parce
que la fumée asphyxiera les artilleurs.

A notre avis, toutes ces objections sont fondées,

mais elles ne nous paraissent pas suffisantes pour faire rejeter le tracé, en supposant que ces défauts ne soient pas incorrigibles, ce qu'on trouve quand on les examine de près, sans passion, et qu'on les apprécie à leur juste valeur. Il n'y a pas de doute que la réunion et le service d'une grande quantité d'artillerie n'entraînent de grandes dépenses ; mais elles se compensent par l'économie qui se fait de terre-pleins, de camps, d'apparaux et de dépôts à l'épreuve de la bombe.

La possibilité de pénétrer par les meurtrières (opération presque impossible en pratique, en supposant que l'assiégé fasse la vigilance nécessaire) disparaîtra, si l'on a soin de les fermer par des barreaux de fer ou de se servir de tout autre moyen.

Quant aux trois dernières objections, nous aurons plus loin occasion d'en parler.

FORTIFICATION POLYGONALE.

(*Pl.* 1, *Fig.* 2).

Au point de vue économique, nous avons vu que les frais de la fortification polygonale sont

moindres que ceux de la fortification bastionnée
et même que ceux de la fortification perpendiculaire, à cause du moindre développement de terre-
pleins à égalité d'espace intérieur. Une autre raison de cette économie, c'est que la position de la
grande caponnière défensive permet d'augmenter
la longueur de côté du polygone, ce qui diminue
toujours l'extension de l'enceinte (1). Dans ces
grands forts les saillants sont séparés les uns des
autres de 550 à 580 mètres, ce qui oblige l'assiégeant à donner une beaucoup plus grande extension à ses travaux d'attaque, extension presque
double de celle qui suffirait pour attaquer un fort
bastionné. Les différents étages des ouvrages casematés facilitent le placement à couvert d'une nombreuse artillerie; enfin, le tracé est simple et se
prête facilement à toutes les espèces de terrains.

Les adversaires de Montalembert disent qu'il y a
dans cette fortification beaucoup de corps de casemates qui, pour être découverts et servir de but

---

(1) La partie de gauche de la figure représente cette forti-
tification *simplifiée*. Montalembert suppose les fossés pleins
d'eau ; mais il n'y a pas de raison pour changer le tracé quand
le terrain ne permet d'avoir que des fossés secs.

aux batteries ennemies , seront détruits par des feux directs du moment que la première parallèle sera établie et armée ; que le service d'une si nombreuse artillerie exige des dépenses énormes ; que la position de la grande caponnière est désavantageuse et que celle de la garnison qui l'occupe, est très-critique, et que cependant cet ouvrage est le meilleur et le plus défensif.

La première objection nous paraît parfaitement fondée à partir du moment où nous supposons terminée la construction des batteries de l'assiégeant ; mais, pour peu qu'on fixe son attention sur la grande masse de feux que la place peut envoyer sur les points où l'assiégeant doit les construire, on peut se faire facilement une idée du caractère sanglant et destructif d'une telle opération et des pertes qui en résulteront pour l'ennemi sous le rapport du personnel et du matériel. Sans doute , munir d'artillerie toutes les casemates entraîne une grande dépense : l'achat des munitions et la construction des bâtiments de dépôt pour les garder coûtent de grosses sommes d'argent ; mais le bon sens enseigne que, pour assiéger une de ces places, il faut traîner avec soi un parc d'artillerie immense, opération coûteuse et difficile.

La situation de la caponnière centrale, en supposant construites les batteries de brèche et les contre-batteries qui la prennent entre leurs feux, est en effet désavantageuse; et les projectiles qui pénètrent par les meurtrières de l'un de ses deux flancs, prendront à revers les casemates du flanc opposé.

FORTIFICATION CIRCULAIRE.

Tous les points de l'enceinte de cette espèce de fortification jouissent d'une force égale et, grâce à ses corps élevés de cinq et six étages de casemates, la place peut concentrer des feux nourris sur les travaux d'attaque. La forme curviligne préserve suffisamment les terre-pleins contre les effets de recul, une des ressources les plus puissantes de l'assiégeant.

On trouve plusieurs défauts à ce système. On dit que l'ennemi, dès ses premiers logements découvre et bat en brèche les hauts pans de mur qui présentent partout un but de 10 mètres de hauteur, pour une étendue horizontale de plus de 300 mètres; qu'une fois les murs masquants démolis, le front attaqué ne peut plus envoyer de feux, parce qu'il n'y a pas de moyens pour remplacer les murs, même provisoirement, et que cet accident ne peut manquer de produire une fâcheuse impression sur la garnison, attendu que, si l'ennemi, dès ses premières positions, cause un aussi grand' dégât, on doit en conclure que celui qu'il fera en approchant ses attaques, ne saurait être moindre ; que, lors. même qu'il ne tomberait que la partie supérieure de l'enceinte, les ruines en tombant boucheront les meurtrières des étages inférieurs et rendront impossible le feu des casemates ; que le feu simultané d'une si formidable batterie placée à différents étages fait beaucoup souffrir aux voûtes et compromet la stabilité de l'ouvrage ; enfin, que ce genre de fortification est très-coûteux.

Nous avouons que ces observations nous paraissent très-dignes d'attention et qu'elles ont acquis une plus grande force depuis que l'expérience a démontré qu'il est possible de faire brèche, à une distance de 600 mètres, par des feux directs sur un mur de blocage découvert. Ce qui est certain, c'est que le train que l'assiégeant sera obligé d'amener pour contre-battre la nombreuse artillerie que cette fortification présente sur toute section quelconque de son enceinte, doit être énorme et d'un transport difficile : il est incontestable que l'établissement des tranchées et des batteries sous le feu formidable de la place ne peut manquer d'être sanglant et doit coûter cher; mais comme ni l'un ni l'autre de ces deux résultats, au bout du compte, ne seront irréalisables, ces courtines casematées descendront jusqu'à terre sur une étendue plus ou moins grande.

Relativement aux dépenses de construction, Montalembert démontre, sans forcer ses calculs, qu'un carré bastionné qui embrasse une étendue égale à celle qu'enveloppe une enceinte circulaire, exige 3400 toises cubiques de bloage de plus que cette dernière. Il en résulte que, lors même qu'on augmente l'épaisseur des murs masquants pour corriger le défaut principal que l'on prétend y voir, il y aurait encore de l'avantage à préférer la fortification circulaire.

Mandar, dans son ouvrage qui a pour titre : *Architecture des forteresses*, donne le tableau comparatif suivant entre un projet d'enceinte circulaire et un projet de Vauban perfectionné par Cormontaigne ; c'est celui de Neuf-Brissac.

	Neuf-Brissac.	Cormontaigne	Montalembert
	toises.	toises.	toises.
Espace intérieur. . . .	35.362	35.362	80.280
Mur de blocage d'un front (1/8 du développement total des ouvrages) . . .	7.781	6.925	5.175
Terre-plein.	36.683	30.000	»
Artillerie à découvert	285(1)	2482	»
Artillerie à couvert	10	4	632(2)

OUVRAGES INDÉPENDANTS.

Ces ouvrages procurent à un petit nombre de troupes des armes abondantes pour se défendre, des abris à toute épreuve, des magasins sûrs, etc. Les feux couverts qui partent de ces ouvrages, et les réduits en blocage qu'ils récèlent, ont une grande force défensive, à tel point que, pour conquérir ces ouvrages, l'ennemi se voit dans la né-

(1) La plus grande partie est divergente.
(2) Cette artillerie est convergente sur un point quelconque à 200 toises de distance.

cessité d'établir un siége en règle avec toute la lenteur et le soin qu'exige une opération aussi délicate. Il est donc vrai que ces ouvrages sont très-utiles et font essentiellement partie des ouvrages de défense d'une place ; car ce sont des ouvrages détachés dont le but est de conserver un point intéressant ou d'appuyer une retraite.

Plusieurs de ces ouvrages construits de manière à se défendre réciproquement et formant un cordon qui enveloppe la place en occupant les points périlleux pour celle-ci, offrent des avantages nombreux : 1° L'enceinte de la place peut être simple et incomplexe, parce que ces ouvrages sont principalement détestinés à défendre des points éloignés, ce qui oblige l'assiégeant à commencer ses travaux d'attaque à une distance beaucoup plus grande et sur des points qui échappent à la portée du canon de la place, ce qui épargne à celle-ci les effets d'un bombardement et procure un avantage des plus importants, en sauvant des populations ouvrières, des dépôts de commerce, des arsenaux maritimes, etc. 2° Ces ouvrages indépendants embrassent un grand espace de terrain qui n'est autre chose qu'un grand camp retranché où les troupes peuvent manœuvrer avec autant de liberté que de sécurité, et accourir à propos aux secours des ouvrages attaqués pour en renforcer les garnisons ou repousser l'ennemi des retranchements. Ces ouvrages offrent aussi un refuge à l'armée battue, etc.

Si, au lieu d'une seule ligne de forts, on en établit deux, les avantages défensifs de l'ensemble vont augmentant ; les attaques sont même plus éloignées de l'enceinte ; la fortification de celle-ci peut être plus simple ; le bombardement de la place est impossible jusqu'au moment où l'assiégeant a conquis deux ou trois ouvrages contigus et s'est ainsi procuré un chemin sûr pour arriver à la place elle-même.

L'espace qui se trouve défendu par ce moyen, est si grand que, pour le fortifier par une enceinte continue (1), il faut se résoudre à des dépenses énormes et employer à sa défense une armée entière.

Quant au profil de la fortification, Montalembert, détache, en général, les escarpes des terrepleins et y appuie le corps de ses casemates. Quand il n'y a pas de casemates, le talus extérieur non revêtu se prolonge jusqu'au fond du fossé qui le sépare de l'escarpe détachée.

(1) C'est de cette manière que Vauban établissait ses camps retranchés.

CHAPITRE II.

Les idées de Montalembert ne sont pas nouvelles.

Si les projets du général français dont nous allons nous occuper, eussent trouvé en France l'accueil que leur firent les ingénieurs allemands et ceux d'autres nations, l'art de fortifier les places serait déjà arrivé à la perfection désirée ; car les sommités militaires de tous les pays, en suivant une marche correspondante à leurs études, la base étant supposée la même, seraient parvenues à des conclusions conformes, et, par suite, il n'existerait plus qu'un genre de fortification identique. Malheureusement il en est arrivé autrement. Sans doute, quand il se produit des innovations d'une importance aussi grande que celle des plans de Montalembert, et qu'elles renferment de vraies nouveautés, il convient de ne les admirer qu'avec

réserve avant de changer ou de rejeter complètement tout ce qui jusqu'alors a été estimé bon.
Mais les idées de ce général sont-elles réellement
nouvelles? Est-ce par lui qu'elles ont fait leur
première entrée dans le domaine de la science? Les
principes qu'il proclama, étaient-ils si peu connus
avant lui? nullement.

L'usage des *blocages* (1) creux est très-ancien.
Nous les rencontrons dans les tours et courtines
des premières fortifications du monde, et même
dans celles qui étaient destinées à couvrir les armes des défenseurs pour que ceux-ci pussent combattre à couvert. Il y a donc plus de six siècles que
les casemates furent mises en usage, et nous pourrions même dire qu'elles datent du temps d'Archimède. Nous trouvons des exemples remarquables
qui confirment cette vérité dans les châteaux de
Niebla et de Sanlucar de Barrameda en Espagne;
la défense inférieure dans ces forts s'appuyait
sur le système de leurs casemates, qui ne sont
pas des ouvrages détachés, mais de vraies bat-

(1) Nous rendons par le mot de *blocage* ou *blocaille*
l'expression espagnole : *mamposteria*, qui désigne une muraille ou retranchement de pierres de taille et de chaux mises
pêle-mêle, sans proportion de mesure ni de grandeur : grosse
maçonnerie en général.

teries couvertes établies dans un mur massif, et analogues aux casemates modernes.

La figure 2, Planche III, représente un profil de voûte du second des deux châteaux cités, construit dans le treizième siècle, et la figure 1 représente le profil du château de Niebla, d'une époque antérieure (1).

Ce genre d'ouvrage fut aussi construit en Italie en 1496. Albert Dürer les introduisit dans son tracé polygonal, à coup sûr bien ressemblant à ceux de Montalembert, et, en 1506, l'ingénieur Pallavicini en fit usage dans ses caponnières.

Dans les projets d'Alghisi di Carpi de 1570, on trouve des flancs casematés.

Speckle dit, en 1589, que les galeries casematées étaient indispensables à la défense inférieure des fossés. Dans le seizième siècle, on voyait de nombreuses casemates dans les places de Custrin, de Spandau et de Peitz. Vauban lui-même les introduisit à la fin du dix-septième siècle dans les tours de ses bastions et en recommanda l'usage; dans le château de Toreau situé sur la rade de

(1) Résumé historique de l'arme des ingénieurs (Varela et Limia.)

Morlaix en Bretagne, il en construisit qui étaient entièrement ouvertes à l'épaule.

L'ingénieur espagnol Fernandez de Medrano les proposa à la même époque ; et enfin, depuis le commencement du même siècle jusqu'à la fin du suivant, les casemates furent employées pour l'artillerie dans un grand nombre de places et de points fortifiés, tels que Saint-Sébastien, Fontarabie, Ceuta, Denia et Menorca en Espagne, Alexandrie, Charlemont, Besançon, Aix, Luxembourg, Landau, Neuf-Brissac, Magdebourg, Breslau, Glatz, Gaudentz, Beis, Cassel, Schweidnitz, Silberg, Düsseldorf, Wesel, Würtzbourg, Silberberg et d'autres posiitons.

Glasser, écrivain allemand, publia en 1728 une méthode de fortification, et la partie la plus remarquable de ses plans, ce sont les profils, les uns revêtus, les autres à moitié revêtus, et d'autres enfin munis de casemates défensives au bas du corps de la place.

Herbort, en 1734, présenta un tracé à casemates multipliées, et une série de camps défensifs établis à trois ou quatre étages comme retranchements extrêmes.

Dans les projets d'Auguste, roi de Pologne

(1737), on trouve des camps défensifs à trois ou quatre étages en forme de voûtes de casemates.

Gustave-Adolphe, qui donna une si grande supériorité à l'armée suédoise, inventa une fortification circulaire où entraient des tours de blocage avec des voûtes pour la défense, et Rook, Colberg et d'autres les recommandent également. Virgin, en 1781, les emploie à profusion dans ses tracés ; il les établit sur le principe de la nécessité de feux couverts et de feux de revers, attendu que la violence de l'attaque était un effet de la perfection à laquelle l'arme de l'artilleur était arrivée de son temps.

Nous pourrions encore citer bien d'autres exem- mais ce que nous avons dit, peut suffire pour con- ples ; vaincre chacun de l'antiquité des constructions creuses, et de l'estime qu'on faisait de ce genre de défense à toutes les époques de l'histoire et parmi les ingénieurs illustres.

Quant à la forme de l'enceinte, Alghisi di Carpi, auteur déjà cité, proposa en 1570, de doubler les courtines par le milieu jusqu'à l'intérieur. De cette disposition il résulta évidemment une série d'angles rentrants et saillants, un tracé tenaillé. Westmüller publia, en 1685, une méthode de fortification dont les fronts sont tenaillés, et Landsberg, au commencement du dernier siècle, proposa un système semblable, en faisant cette observation : que le flanc, pour être la ligne la plus importante d'un front bastionné, puisque la courtine et les faces doivent y trouver leur défense, est précisément la ligne la plus petite de toutes, tandis qu'elle devrait avoir la plus grande longueur possible. Cette observation le conduisit à donner la préférence au genre tenaillé qui n'est autre chose qu'une série de grands flancs.

Avant ces deux derniers auteurs qui sont les plus connus, d'autres avaient déjà produit des projets de fronts tenaillés : Dillichs en 1640, Griendel en 1678, Blondel en 1683, ensuite Suttingen en 1696 et Glasser en 1728.

Tels sont les exemples que nous avons de la fortification tenaillée ; les exemples suivants qui se rapportent à la fortification polygonale, déjà appliquée par Albert Dürer au carré, ne sont pas moins intéressants. Le lieutenant colonel du génie espagnol D. Félix de Prosperi propose, dans son ouvrage : *La grande Défense*, publié en 1744, une fortification dont le tracé nous paraît très-remarquable : nous croyons pour cette raison devoir l'indiquer par la figure 1 , Pl. II. Ici les flancs, de même que dans un front polygonal, ne défendent pas réciproquement les faces des bastions collatéraux ; ils défendent seulement les faces des ravelins, seuls ouvrages extérieurs que l'auteur admette (avec des contre-gardes de l'ordre renforcé); car il rejette absolument tous les autres ouvrages extérieurs à cause des excessives dépenses de leur construction, et de la nombreuse garnison qu'ils exigent. Ce sont des ravelins qui, dans son système, défendent les faces des bastions.

Par cette disposition, la longueur de côté du polygone extérieur atteint 885 varas, soit environ 740 mètres.

« Les flancs d'un fort bastionné ordinaire » dit l'auteur, « prétendent offrir une défense admirable, parce qu'ils découvrent la campagne, et c'est précisément là qu'à mon avis se trouve leur plus grand inconvénient ; car, pour mieux découvrir la campagne, ils sont aussi le mieux vus, et, par conséquent, le mieux contre-battus. »

Dans les saillants du spacieux chemin couvert il y a des travers casematés à voûte pour la réunion des troupes, et des galeries.....»

Il y a des casemates dans le revers de l'orillon (1) et dans la gorge des ravelins, et dans l'ordre renforcé, il y en a aussi dans les flancs. Les flancs bas aa bb sont destinés à la fusillade rasante : la grande capacité des bastions permet d'envoyer ces feux par leur gorge, tantôt à l'aide d'une tour, tantôt à l'aide d'une tenaille ou front bastionné qui regarde l'intérieur et en fait une sorte de citadelle ou d'ouvrage indépendant.

Par le moyen des travers qui sont dans le fossé cc dd, on assure la communication de la place au ravelin, etc.

Pl. II, figure 2. — La place de Ferréol offre un autre exemple de front polygonal. Il y a environ un siècle que les Espagnols y ont construit une ligne de défense de l'espèce de fortification dite mixte, composée de fronts tracés d'après les règles de la fortification polygonale. Nous ne pouvons pas nous dispenser de donner fig. 14, le des-

(1) Dans les casemates établies sur le revers de l'orillon se trouvent des canons qui pointent l'embrasure pour partir, et qui sont montés sur de petits affûts tournant circulairement autour d'un axe fixé dans le sol de l'intérieur de la casemate. Ces casemates sont défectueuses pour être étroites et peu ventilées . Cette défectuosité subsiste malgre le renouvellement d'air que l'auteur se propose de pratiquer par le moyen d'un appareil semblable au ventilateur des galeries de mine.

sin d'un de ces fronts, parce que la fortification polygonale peut être considérée comme la base de celle que nous appelons fortification allemande.

Quant au tracé circulaire appliqué à l'enceinte ou à une portion quelconque des fortifications de la place, nous rappellerons qu'Albert Dürer conçut en 1525 l'idée d'une fortification circulaire; et l'espagnol Pedro de Angulo présenta un projet pour fortifier Navarrès, sur la frontière de la France, par des bastions en forme de cœur; tracé inconnu jusqu'alors et semblable au tracé adopté récemment par l'ingénieur Bousmard. L'ingénieur prussien Pischer et le français Cugnot nous offrent aussi, l'un en 1767, l'autre en 1778, dans leurs plans, des exemples curieux de la fortification circulaire.

Les ouvrages appelés indépendants par l'école allemande ne sont que les redoutes de la fortification permanente déjà connus et appliqués : ces ouvrages s'appellent *indépendants*, parce qu'on y accumule une foule de moyens de défense, afin que, le cas échéant, ils puissent se suffire eux-mêmes, sans avoir besoin de la protection de la place ni d'autres ouvrages de fortification immédiats.

Les tours de blocage de Luxembourg, construites (dit Merkes) (1), selon les uns par les Espagnols, selon les autres en 1682, sont des ouvrages qui, à raison de leur importance, peuvent être regardés jusqu'à un certain point comme indépendants, bien qu'elles se trouvent placées entre les deux chemins couverts de la place. Le profil de ces tours, représenté par la figure 3, Pl. II, mérite l'attention à cause des feux de revers de leurs doubles galeries de contre-escarpe, et à cause de leurs deux étages de casemates à fusillade dans le corps de mur. Vauban aussi fit construire de semblables redoutes au front de différentes places, bien qu'elles n'eussent qu'une artillerie modique et qu'elles ne fussent pas de nature à demander un siége en règle pour être prises.

Le général suédois Sthalswerd proposa, en 1753, des redoutes de blocage à l'épreuve de l'artillerie, semblables à celles de Montalembert ; ces redoutes avaient assez de capacité pour renfermer un grand nombre de pièces, et elles étaient disposées de manière à pouvoir présenter une défense vigoureuse en haut et en bas.

Quant au profil adopté par Montalembert, c'est-à-dire quant à l'idée de détacher les murs d'es-

______

(1) Réduits casematés.

carpe, il n'est pas plus nouveau. On l'a vu appliqué à différentes constructions, particulièrement et depuis longtemps en Espagne dans les places de Denia, de Gerona, de Fontarabie, etc. C'est pour cette raison que, d'après Laurillard Fallot (1), les officiers français donnent à ce genre de murs le nom de *revêtement à l'espagnole*.

Mais, de toutes ces données, ainsi que de beaucoup d'autres, que nous fournit l'histoire de la fortification, il n'y en a pas de plus remarquable que le passage suivant que nous tirons d'un ouvrage écrit il y a environ deux siècles par l'ingénieur allemand Georges Rimpler (2), dont l'esprit observateur découvrit les principes de la fortification moderne dans les ruines de la place de Candie, assiégée et prise par les Turcs en 1668 et 1669.

« S'en tenir en architecture militaire, « dit

(1) Cours d'art militaire.

(2) Architecture militaire d'Eickemeyer, Leipsik 1821 (en allemand). — Histoire de la fortification permanente par Zastrow, Leipsick 1839. Georges Rimpler était saxon : c'était un homme d'une éminente capacité et un militaire très-expérimenté. Il se trouva aux siéges de Cadix, de Philippsbourg et de Bonn ; il défendit Riga, Brême, Dansberg, Nimègue et Bommel, et, en défendant Vienne contre les Turcs en 1695, il mourut sous les murs de cette ville.

Rimpler, » à ce qui est consacré par l'usage sans le soumettre à un examen approfondi, est une méthode aussi nuisible aux États que peu glorieuse aux ingénieurs. Si un grand nombre des forteresses existantes ont acquis de la célébrité, elles la doivent à l'imperfection de l'arme de l'artillerie et de la poliorcétique ; mais ces deux branches de l'art militaire ont fait depuis des progrès importants, et cependant, à de légères exceptions près, l'art de la fortification est encore aujourd'hui ce qu'il était autrefois. »

« Depuis l'invention du canon, on a perdu de vue les principes adoptés par les anciens, de même que les constructions creuses de blocage qu'ils employaient. Aujourd'hui on préfère les ouvrages en terre, parce que dans les blocages les projectiles lancent des éclats de pierre qui blessent les défenseurs ; mais, en échange, les premiers présentent plusieurs inconvénients, dont les trois principaux sont les suivants : 1° La garnison et l'armement ne sont couverts que de front. 2° Ils facilitent au mineur ennemi l'établissement et le progrès de ses attaques. 3° Il n'est pas possible d'y placer plus d'un ou de deux étages de batteries. Pour remédier à ces inconvénients, il faut absolument recourir aux constructions creuses de blocage. Celles-ci seules permettent la superposition de plus de deux ordres de feux : elles couvrent tout à la fois les feux et les troupes assiégées, non-seulement de front, mais de dessus, de tous les côtés. Enfin, il ne suffit pas d'y ouvrir une brèche, il faut les détruire complète-ment pour priver l'assiégé de tout moyen de dé-fense.... »

« Pourquoi n'a-t-on pas employé le matériel des murs de revêtement pour construire une série de voûtes sur lesquelles on aurait placé les parapets ? Sous prétexte d'échapper aux éclats de pierre, on a réprouvé les blocages creux des anciennes cons-tructions, parce qu'on ne savait pas les remplacer par autre chose qui protégeât les soldats contre les explosions périlleuses du pierrier, du mortier et de l'obusier (1). »

« Les ingénieurs abandonnèrent ce genre de construction, parce que, disent-ils, la fumée accu-mulée dans les voûtes rend impossible l'usage con-tinu de l'artillerie qui y est placée ; mais l'expé-rience a démontré le contraire au fameux siége de Candie, qui a mis en évidence les avantages des blo-

____

(1) Le rebond n'était pas encore connu.

cages creux... Il est vrai que les étroites caponnières couvertes se remplissaient promptement et entièrement de fumée, ce qui était très-pénible pour la garnison ; mais cet inconvénient n'empêcha pas le feu de continuer et ne suffoqua point les artilleurs. Est-ce que la fumée s'échappe des batteries sur les navires de guerre ? Pour épargner quelque incommodité à la poitrine et aux yeux, on expose tout le corps au choc des bombes et aux effets terribles du saut des mines ; on limite l'action de l'assiégé en ne mettant à sa disposition que peu d'artillerie pour s'opposer à la marche des attaques, et en donnant à l'assiégeant la facilité de réduire au silence le feu, même supérieur, de l'assiégé. Il est impossible d'imaginer une pire disposition : la vue du feu, le tonnerre de l'artillerie et la puissance destructive des projectiles n'ont produit sur l'imagination des ingénieurs d'autre effet que celui de leur suggérer l'idée d'une défense passive, tandis qu'en suivant les maximes des anciens, ils pourraient si facilement suivre l'assiégeant partout..... »

« Toute construction qui a pour objet de couvrir des logements de troupes ou de conserver des munitions de guerre et de bouche, doit être parfaitement garantie contre l'action des feux verticaux,

et disposée de manière à servir d'élément cons-
titutif de la fortification.....»

« La faiblesse des forteresses existantes n'est pas
seulement due à l'abandon des blocages creux,
mais aussi à la disposition des ouvrages de défense.
Les ingénieurs suppléèrent à bon droit le saillant
carré ou circulaire des anciennes tours et les têtes
de bastions, par la raison qu'il n'était pas possible
de se maintenir devant ces saillants cachés au feu
des flancs ; mais ils prolongèrent ces têtes à tel point
que les bastions n'avaient plus rien de commun
avec les tours, si ce n'est qu'ils formaient la partie
avancée de l'enceinte, et qu'ils semblaient plutôt
destinés à servir de champ de bataille, qu'à mettre
un petit nombre de troupes en état de résister à une
force majeure.....»

« Les bastions qui doivent leur grandeur à la longueur de leurs têtes, sont faibles, parce que les
flancs qui les défendent, sont démesurément
courts.....»

« Les ingénieurs, pour ne pas assez fixer leur
attention sur le terrain où l'assiégeant peut établir
ses attaques, se sont aussi préoccupés de la déter-
mination de certaines lignes et de certains angles,
ainsi que des relations entre les unes et les autres.

Divisés sur les principes et maximes qu'ils ont po-
sés, ils ont engagé des disputes sur des choses insi-
gnifiantes, en laissant de côté les deux points d'une
importance majeure, savoir : protéger la garnison
contre le feu de l'assiégeant, et opposer à celui-ci
partout un feu supérieur... En plaçant le bastion
au milieu du côté du polygone, on acquiert pour
l'enceinte principale l'avantage de la double tenaille, parce que la fortification à bastion aux angles n'offre, dans chaque polygone, qu'une tenaille
simple et tout à fait découverte, et la double sera
produite par la transposition du ravelin ou demi-
lune. Avec des bastions aux angles, la courtine ne
contribue en rien à la défense des têtes : avec les
bastions au milieu, la courtine flanque les têtes de
bastions et se trouve à son tour flanquée par les
flancs de ceux-ci. Tandis que la fortification actuelle à bastions aux angles ne permet pas de faire
de bons retranchements, parce que, pendant le
siége, on n'a ni le temps ni l'occasion de les construire solidement, la fortification à bastions au
milieu rend superflus les retranchements en question, parce qu'elle défend avantageusement, non
seulement l'extérieur, mais encore l'intérieur :
pourvu que la garnison du bastion conquis ait soin

de se réfugier dans les autres bastions, elle pourra, de ces nouvelles positions, énergiquement résister à l'ennemi qui a pénétré dans la place et même lui disputer la possession du bastion dont il s'est emparé. »

Nous voyons donc que les principes et maximes de Montalembert ne sont que le résumé de ceux qui ont déjà été professés par d'autres ingénieurs et militaires instruits, allemands, espagnols, italiens, etc. ; les mêmes que Rimpler reprit en grande partie dans ses écrits et qu'il discuta avec une si haute raison, tout en manquant des données fournies par l'expérience dont l'habile général français put profiter depuis. En nous exprimant ainsi, nous ne voulons nullement élever des doutes sur le vrai mérite de cet homme supérieur; nous avons cherché à montrer à ses adversaires routiniers que les principes qu'il établit, sont aussi vieux que l'art de la fortification même. Pour le reste, en étudiant avec soin les vieux principes, en les analysant avec un ordre méthodique et les mettant en relation avec les progrès que l'attaque des places et les armes à feu avaient faits, Montalembert produisit sa théorie avec une habileté telle qu'elle attira l'attention de l'Europe militaire. Celle-ci le

considère aujourd'hui comme le véritable créateur
de la méthode adoptée par les Allemands, et le pro-
moteur des grandes réformes qui ont donné un
nouveau caractère à la science de l'ingénieur, ou
qui, ce qui revient au même, constituent ce que
nous appelons la *Fortification Moderne*.

CHAPITRE III.

La fortification moderne dite française.

Les ingénieurs français, sans adopter les principes avancés par Montalembert, mais avouant en
même temps les défauts capitaux attribués à la fortification bastionnée, travaillèrent, non pas à changer essentiellement le tracé de ce système comme
le fit ce général, mais à le réformer et à en combiner les éléments constitutifs de manière à réaliser
un ensemble plus parfait.

Ces réformes ont leur véritable origine dans le
tracé de l'école de Mézières (1). Ce tracé introduit
dans celui de Carmontaigne des modifications importantes. Les principales sont les suivantes :

(1) Fondée en 1750. Les membres les plus actifs de cette
École étaient les ingénieurs Chatillon et Duvigneau.

1° Augmentation des dimensions de la demi-lune à l'effet de couvrir la partie la plus exposée des têtes de bastion ; 2° Disposition des flancs casematés du réduit de la demi-lune, de manière à couvrir et prendre à revers la brèche du bastion ; 3° Introduction de murs à meurtrières dans les fossés du retranchement du bastion ; 4° Construction de grandes voûtes à l'épreuve de la bombe, sans objet défensif, dans le seul but de procurer des abris sûrs à la garnison et au matériel ; 5° Usage des galeries à meurtrières de contre-escarpe pour flanquer les fossés des lunettes détachées.

Ce qu'il y a de remarquable, c'est que cette même école de Mézières en 1808 (1) rejeta, de tout point, les casemates pour l'artillerie, et qu'elle les proscrivit précisément à la suite de la déclaration de Montalembert qui les considérait comme le premier élément défensif. Elle présenta un nouveau tracé bastionné à angles de défense droits, à tenaille en relief variable du centre aux extrémités des ailes pour mieux couvrir les revêtements des flancs, à coupures aux ailes de la demi-lune pour défendre les fossés de cet ouvrage, sans compter plusieurs

_____

(1) Sous Dobenheim et Lesage.

autres modifications de détail dont le principal objet est de dissimuler et de favoriser les sorties de la garnison : la plus neuve de ces modifications est la substitution des petites échelles au lieu des rampes. C'est là, dit avec beaucoup de raison le colonel du génie Clavijo, le tracé bastionné qui reparaît dans toute sa simplicité et pureté (1).

Bousmard, en 1797 (2), admet pour le front les propositions de la première méthode de Vauban ; mais pour les têtes et les flancs de ces bastions, il adopta le tracé curviligne, assez ingénieusement disposé pour que toutes les normales à un flanc soient presque tangentes à la tête curviligne du bastion collatéral. Il en résulte que le rebond se fait avec une très-grande difficulté; mais le tracé est très-compliqué et même vicieux, parce que chaque portion de tête n'est défendue que par un des canons placés au flanc qui la protège, Bousmard établit avec beaucoup d'à-propos de petits travers casematés aux crochets de son chemin couvert. Par ce moyen, il augmente la puissance de cet ouvrage pour assurer la retraite de ses défenseurs. Il construit aux flancs de la tenaille des casemates desti-

(1) Systèmes de fortification allemand et français.
(2) Il publia à Berlin son *Essai sur la fortification.*

nées à loger l'artillerie, ménageant ainsi des feux rasant le fossé : il avance la demi-lune jusqu'au pied du glacis pour faciliter les retours offensifs en masse et repousser les attaques ; et il établit enfin avec cet ouvrage une communication au moyen d'une double caponnière à galerie souterraine établie dans le fossé principal.

Carnot (1810) trouve le tracé bastionné suffisant pour une grande plaine. La désenfilade des ouvrages n'offre pas de grandes difficultés ; mais pour l'application il présente trois idées neuves qui servent de fondement à sa méthode. La première est celle de ménager avec des batteries de mortiers couverts des feux sur les principaux saillans. La deuxième est celle d'empêcher que la chute des revêtements n'occasionne la ruine des parapets, ce qui détacherait les escarpes sur leurs bastions ; la troisième enfin est celle de favoriser les sorties de la garnison en construisant le glacis en contrepente.

Dans son tracé il y a un retranchement général au moyen de ses casemates pour les mortiers aux angles du Polygone, et ce retranchement est séparé de la courtine qui n'a pas de revêtement par un chemin de ronde et un fossé : devant la courtine se trouve la tenaille formée par les prolongements des têtes de bastion, et au front de celle-ci se trouve un cavalier qui sert de réduit à la demi-lune. Tous ces ouvrages sont sans revêtements. Les bastions qui ont leurs escarpes détachées, couvrent les batteries de mortiers, et, à leur tour, ils sont couverts par des contregardes en terre.

Mais si, au lieu d'un terrain plein et sec, il il y avait un pays montagneux ou aqueux, il conviendrait, d'après Carnot, de détacher le tracé bastionné, parce que, dans le premier cas, il y aurait une grande difficulté d'obtenir la *désenfilade*, et que, dans le second cas, il n'y aurait pas assez de terre pour donner aux ouvrages le relief dont ils ont besoin. Avec ce détachement il adopte le tracé tenaillé qui assure de grands avantages, surtout lorsqu'on a affaire à un terrain accidenté ; car la simplicité de la construction et le peu de longueur des côtés du polygone font qu'il se plie mieux aux ondulations du sol.

Son tracé tenaillé se distingue par le retranchement général, qui consiste en un mur isolé à deux ordres de casemates pour la fusillade et séparé par un fossé du corps de la place. Ce mur n'a pas de revêtement, mais un mur à meurtrières s'étend le long de sa base. Devant chaque angle rentrant il y a un petit emplacement, à 6 canons, fermé par un mur à meurtrières. Un autre mur enveloppe la tenaille : cet ouvrage et les contre-gardes forment un couvre-têtes général qui enveloppe le corps de la place dans tout son développement. Le glacis est en contre pente. Les différences de ce tracé sont très-légères quand il s'agit de l'appliquer à un terrain humide et aqueux, au lieu d'un terrain montueux. Nous ne tenons pas compte de ces différences, parce qu'elles ne changent pas les principes du mode de construction.

Nous concluons en disant que cet auteur se proposa de perfectionner les places bastionnées qui existaient alors, en y introduisant quelques modifications, dont le retranchement et le couvre-têtes général sont les principales.

Chasseloup produisit à la même époque sa méthode de fortification, qui a pour base le tracé de Cormontaigne pour l'enceinte principale, mais où la demi-lune est détachée et qui a des casemates aux flancs de son réduit. Chasseloup établit des camps défensifs dans l'intérieur des bastions en les appuyant sur le retranchement permanent : il brise les têtes des bastions pour les soustraire aux effets du rebond, et, afin de donner à ceux-ci la capacité nécessaire pour contenir les ouvrages, il agrandit le côté extérieur du polygone jusqu'à 600 mètres. Sa tenaille est bastionnée et a des casemates aux flancs. A la capitale du front, et de l'autre côté du fossé principal, il place un petit réduit casematé ; il ménage d'autres petits réduits aux places d'armes rentrantes et saillantes ; enfin, par le moyen de glacis au fossé, il favorise la circulation dans les réduits, et couvre les blocages des bastions, et l'avant-chemin couvert ferme la lacune du fossé de la demi-lune (1).

Dufour se proposa en 1814 d'augmenter la force défensive de la demi-lune, et de neutraliser l'inconvénient auquel donnait lieu le tracé bastionné, en ce que l'assiégeant pouvait, du couronnement du glacis du saillant, ouvrir brèche dans le corps de la place. Il atteignit le premier objet en établissant à la demi-lune, pour en préserver les ailes du rebondissement, un cavalier en capitale, bourré de pierres, afin qu'en cas de destruction les décombres n'offrent pas à l'assiégeant un logement commode. Il se propose d'arriver au second but en

(1) On a fait application de cette méthode à la place d'Alexandrie ; les Russes l'ont également appliquée à la place de Bobruisk.

unissant le réduit de la place d'armes rentrante à la coupure des ailes de la demi-lune.

Noizet (1822). Pl. II, fig. 4. Le tracé de cet auteur est appelé *Tracé moderne corrigé*, et, en effet, son but était de perfectionner le tracé dit *tracé moderne*, en faisant des corrections minutieuses dans toutes les parties qui le constituent. Il ferme les lacunes du fossé de la demi-lune et de son réduit au moyen de travers en glacis. Le premier de ces travers lie le réduit de la place d'armes rentrante à la coupure de la demi-lune, sa gorge étant la continuation de la contre-escarpe du bastion. Le second s'appuie sur le revers de la même coupure. Il y a aussi aux profils extrêmes des ailes de la tenaille deux travers qui dérobent l'angle de l'épaule du bastion nommé. Noizet dispose la retraite de la garnison du chemin-couvert et même de la demi-lune, indépendamment de celle du réduit. La double caponnière qui communique avec le corps de la place, les rampes et les petites échelles, convenablement disposées, facilitent la circulation des troupes par tous les ouvrages.

L'auteur fait aussi une modification au profil, en inclinant le plan de feux de 1/6 au lieu de 1/7. Enfin, cette méthode révèle un travail d'études soutenu et des applications ingénieuses qui, d'après Clavijo, ont donné au front bastionné toute la valeur dont il est susceptible sans en changer la nature, mais qui ont fait disparaître les casemates et les abris à l'épreuve.

La perfection de détail que demande le tracé de Noizet, le rend très-compliqué ; car il demande quelquefois la résolution de problèmes difficiles de géométrie descriptive, bien qu'il ne s'agisse que d'un terrain légèrement accidenté.

Haxo (1826). Plusieurs améliorations et progrès caractérisent le tracé de ce général français, un des ingénieurs les plus habiles des temps modernes, d'après l'opinion de Maurice de Sellon (1). Bien qu'il ne se sépare pas essentiellement des principes professés par l'école française, il n'en introduit pas moins dans la fortification bastionnée des modifications qui, comme nous allons voir, établissent des points de contact entre l'école française et l'école allemande. La multiplicité des feux d'artillerie et les casemates qui mettent l'artillerie a couvert, suffisent pour donner à son tracé un caractère spécial qui le distingue et le recommande

____

(1) *Mémorial de l'ingénieur militaire.*

à l'attention. Ce caractère se révèle aussi dans le soin qu'il a pris de rendre les parapets indépendants de la magistrale des ouvrages pour mettre ceux-ci à l'abri des effets du rebond, et de rendre ces mêmes ouvrages indépendants des escarpes, afin d'empêcher que les premiers en tombant n'entraînent la ruine des secondes.

Le corps de la place se compose de deux enceintes, dont la seconde est formée par les contregardes revêtues qui se lient au couvre-chefs de terre caché par le blocage de la tenaille armée de la première enceinte. Le revêtement en question de la contre-garde est parfaitement couvert par un glacis extérieur ; ni celui-ci, ni la courtine, ni les bastions ne peuvent être battus en brèche avant qu'on se soit rendu maître de la demi-lune, et qu'on ait couronné le chemin couvert.

Dans la demi-lune qui forme un grand saillant, il y a un travers à casemates, et le réduit central de la demi-lune n'est qu'une caponnière casematée qui ressemble beaucoup à ceux de Montalembert, qui prend à revers la descente au fossé, et la brèche de la contregarde, et même d'enfilade le couronnement du chemin couvert.

Choumara (1847). Les idées de cet auteur, expé-

rimenté dans l'art des siéges et ingénieur distin-
gué, pour n'être pas toutes neuves ni reconnues
utiles, n'en méritent pas moins d'être étudiées sérieusement ; elles sont d'ailleurs présentées avec
cette force que communique la connaissance approfondie du sujet que l'on traite. Elles tendent toutes
à produire une réforme décidée dans l'art de la fortification, en s'appuyant principalement sur les éléments que cet art met en œuvre et en perfection-
nant chaque portion de l'ensemble de lignes qui
constitue le front bastionné moderne. Depuis Vauban, Cormontaigne et Montalembert, personne en
France n'a présenté des idées plus ingénieuses que
Choumara daus son ouvrage intitulé : *Mémoires
sur la fortification*. La base du tracé bastionné
proposé par Choumara est formée de deux bastions
unis par une courtine ; mais pour le reste, notam-
ment pour les dimensions, il brise avec un principe
qui, jusqu'alors, était considéré comme incontestable, nous voulons dire le principe d'après lequel
les lignes de défense devaient être mises à la portée du fusil. Cette arme, dit Choumara, est insuffisante pour neutraliser les travaux de l'assiégeant
sur le glacis, dans le fossé, à l'assaut de la brèche,
tandis que l'artillerie, même celle du moindre ca-

libre, serait d'un effet terrible contre ces opérations. Aussi il augmente son côté extérieur jusqu'à lui donner 440 mètres, et, au moyen d'une perpendiculaire de 1/6, il obtient des têtes de bastion de 150 mètres de long et 85 mètres pour ses flancs prolongés au-delà de l'angle de courtine.

Sans nous arrêter aux autres propriétés qui distinguent les grands fronts, nous faisons observer qu'ils donnent lieu à des bastions de grandes dimensions, ce qui facilite à l'auteur l'application d'une de ses idées les plus remarquables, celle de rendre les parapets indépendants des escarpes (1).

Cette méthode, déjà proposée par d'autres ingénieurs sur une petite échelle et, pour ainsi dire, avec une réserve timorée, Choumara l'érigea en principe positif. Considérant que la vigueur de

---

(1) Fallot, officier d'artillerie russe, en faisant l'examen critique du tracé Bousmard, dit en 1851 : « Pour que l'escarpe du bastion ne soit pas privée de défense, il vaut mieux la laisser subsister en ligne droite et tracer la crète du parapet en ligne courbe. » Déjà en 1744, l'ingénieur espagnol Prosperi proposa d'arrondir les parapets aux saillants des angles flanqués en les rendant indépendants de la direction de leurs escarpes, de manière à pouvoir former, dit-il, un angle de 30°. Nous avons déjà vu que le même ingénieur proposa aussi des fronts de 885 vares (739^m,86) de côté extérieur.

l'attaque consistait dans les puissants rebondissements de l'attaque et qu'il était nécessaire de se prémunir contre les effets du recul, il varia la direction de ses parapets de la manière qui lui paraissait la plus convenable pour atteindre son but, tout en conservant la direction de ses escarpes : de cette manière, — soit dit en passant, — il était possible de modifier et de perfectionner les anciennes places, sans être entraîné dans des dépenses excessives.

En variant la direction des parapets aux saillants, on peut obtenir des feux convergents ou divergents sur les capitales, et l'angle formé par deux têtes peut être de 100 degrés, bien que ses escarpes n'en forment qu'un de 50 degrés (1).

Enfin, en brisant la magistrale des parapets, on fait en sorte qu'une partie de ces parapets serve de travers à la partie restante, en la couvrant ainsi contre le feu du rebond.

Quand on sépare un parapet de son escarpe, non-seulement on empêche que la chute de la seconde n'entraîne celle du premier, mais encore on gagne l'espace qui reste entre le pied du premier

(1) Idée déjà émise par l'ingénieur espagnol Prosperi.

et la crête de la seconde, espace dont on se sert pour établir une galerie basse à parapet pour la fusillade : on gagne, de plus, sur certains autres points un espace considérable pour y établir des batteries basses.

Une autre idée intéressante de Choumara, c'est celle de couvrir les escarpes au moyen de glacis intérieurs établis dans les fossés, qui laissent entre leurs revers et l'escarpe un espace de 15 mètres, et vont mourir au pied de la contre-escarpe. Au moyen de ces glacis, il se propose d'empêcher que la brèche ne puisse, depuis la crête du glacis, s'ouvrir au corps de la place : les glacis intérieurs servent en même temps à fermer les intervalles du fossé de la demi-lune, celui de son réduit et celui que laisse la tenaille.

Enfin, cet intelligent ingénieur propose de faire en sorte que les bâtiments militaires entrent en ligne de défense pour former des retranchements, de manière que l'édifice qui sert de réduit, par exemple, à un bastion, défende la gorge des autres édifices lorsque l'assiégeant a pénétré dans la place.

De ce qui précède, il résulte non seulement que l'auteur qui nous occupe, a cherché à perfectionner

le tracé bastionné, mais encore que les modifications qu'il y a introduites, sont telles qu'on est
obligé de le prendre pour un tracé nouveau et
digne d'un examen approfondi. Nous n'allons pas
jusqu'à entreprendre cette dernière tâche : nous
nous contentons de regarder les perfectionnements
enseignés par Choumara comme un grand pas fait
par la fortification bastionnée, et, à raison de leur
nouveauté et de leur importance, nous indiquerons les principales dimensions des ouvrages de
son tracé.

Côté extérieur. . . . . 440^m.

BASTIONS. Têtes. . . . . 150^m.
Flancs. . . . . 85^m (1)
Parapets brisés et retirés de l'escarpe.
Traverse... une à la capitale casematée.

Courtine à parapet brisé ; elle se trouve être plus courte
que dans les tracés ordinaires.

Tenaille à flancs, avec artillerie et à parapets brisés.

Fossé principal... 45 mètres de large avec glacis intérieur
de 30 mètres qui s'élève jusqu'à 2 mètres en bas du cordon
d'escarpe.

DEMI-LUNE. Têtes de 144 mètres revêtues.
Parapets brisés, retirés, traverse à la capitale
casematée.
Flancs retirés qui prennent à revers le glacis
intérieur et la brèche du bastion.
Feux en capitale et à revers.
Fossé de 17 mètres de large, glacis intérieur.

(1) De ces 85 mètres, 35 se trouvent en arrière des lignes
de défense.

Réduits... plus grands que les réduits ordinaires ; parapets arrondis pour avoir des feux en capitale.

Avant-chemin couvert... plus large que les avant-chemins ordinaires et avec glacis intérieur.

Chemin-couvert.

Remarquons qu'il n'existe pas de place forte construite d'après les principes de l'auteur.

Telles sont, en raccourci, les modifications introduites dans le tracé de l'école de Mezières par les auteurs français les plus accrédités. Faisons maintenant ressortir les défauts dont le tracé en question a généralement paru entaché. Ce sont ces défauts reconnus qui ont conduit à la manière de les corriger. Nous verrons si les améliorations apportées dispensent de recourir à la méthode que Montalembert, Carnot et, plus tard, les ingénieurs allemands, ont érigée en principes de défense.

Premier défaut. — *L'espace compris entre les flancs et la courtine est perdu pour la défense.*

La tenaille qui occupe cet espace, a pour objet principal de couvrir les communications de la place avec le fossé et avec les ouvrages extérieurs ; de même que le fossé, soit sec, soit inondé, doit servir de point de réunion aux troupes qui ont à exécuter une sortie. Sous ce rapport, la tenaille contribue à la défense ; mais, du reste, la fusillade dont elle est le point de départ, est presque nulle, même dans les places où cet ouvrage a plus de relief pour pouvoir mieux contribuer à la défense des ouvrages extérieurs, et n'être pas dominée par ceux-ci ; car, dans le dernier cas, l'effet qu'on a en vue, ne peut s'obtenir qu'aux dépens de la défense du fossé principal. Haxo et Choumara ont augmenté la valeur de la tenaille, en la munissant de feux de canon, et Chasseloup et Bousmard, en pratiquant des casemates aux flancs.

2) *La demi-lune, à raison de ses communications imparfaites avec le corps de la place, contribue à peine à la défense de la portion qu'elle est chargée de couvrir, et, à son tour, elle ne peut être défendue énergiquement par le corps de la place.*

Bousmard établit à travers le fossé principal une galerie couverte et deux galeries latérales découvertes : dans son système, des parapets de terre de 3^m,14 de haut, établis sur le fond du fossé, protégent ces dernières communications contre le feu des contre-batteries, et cette double caponnière communique avec la galerie souterraine qui conduit à la demi-lune détachée.

Chasseloup établit un système de communication analogue, et, en général, on peut dire que tous les fronts bastionnés qui ont été proposés depuis l'apparition du système de fortifications dit *moderne*, ont été corrigés avec plus ou moins de succès : le défaut signalé, cause première, d'après Montalembert, du peu d'importance de la demi-lune, à cause de la difficulté qu'éprouve la garnison à passer de cet ouvrage à la place, et *vice versâ*, a été pris en sérieuse considération.

On a aussi cherché à augmenter ou plutôt à relever la force défensive de la demi-lune en l'appuyant sur de forts réduits dans les places d'armes rentrantes, et même en la couvrant d'une sorte d'ouvrage indépendant, qui cependant ne laisse pas de faire partie du cordon des ouvrages extérieurs : c'est ce qu'ont fait Chasseloup et Bousmard.

3). *Les batteries de l'assiégeant endommagent les bastions de différentes manières.*

Les coups dirigés contre l'une des têtes près du

saillant, enfilent l'autre tête et prennent à revers le flanc de celle-ci ; et les coups dirigés contre l'un des flancs frappent, dans certains cas, l'autre flanc à revers.

On a cherché à remédier à ce grave défaut par l'emploi de petits travers pour chaque pièce prise isolément, ou pour deux ou trois pièces réunies, ou par celui d'un grand travers en capitale, ou de deux parallèles également en capitale, ou, enfin, par un changement de direction des parapets fondé sur l'ingénieuse idée de les rendre indépendants de leurs escarpes ; mais, malgré tous ces expédients, on n'échappe pas à l'inconvénient d'embarrasser l'intérieur du bastion de ces masses de terre qui, pour tomber en talus naturel et avoir une élévation suffisante, laissent trop peu de place à l'artillerie et gênent les mouvements des troupes.

4). *L'artillerie de la place étant découverte, est promptement et facilement détruite par l'assiégeant.*

On cherche à neutraliser ce défaut en augmentant les feux dans la place pour contrebattre et réduire ceux de l'assiégeant, comme Choumara qui établit jusqu'à trois ordres de batteries aux flancs, ou en construisant des voûtes pour les couvrir, mais à un seul étage, comme Haxo fait pour ses casemates sur les terre-pleins.

D'autres auteurs, comme Bousmard et Chasseloup, remplissent les casemates de blocage, mais en si petite quantité, qu'elles peuvent à peine contenir une demi-douzaine de pièces, et que les autres pièces restent à découvert.

Nous ne faisons pas mention ici de l'expédient qui consiste à construire des blindages au front d'attaque, parce que les blindages, outre qu'ils ne remplissent pas suffisamment l'objet qu'on a en vue, sont à tout autre genre quelconque de fortification.

5) *On n'obtient pas pour la défense toute la portée du feu de fusil ; car, si les têtes sont défendues par les flancs, il se produit sur la capitale du front un croisement de feux perdus pour la défense.*

Ce défaut, si c'en est un, n'a pas été corrigé ; mais, la position et la direction respective des cinq lignes qui constituent le front bastionné, restant les mêmes, ce croisement de feux se réalise toujours, et cela sur la capitale en question dans la direction de laquelle l'ennemi n'avance jamais pour s'approcher du corps de la place. Bousmard et Chasseloup, en détachant la demi-lune, ménagent mieux les feux pour la défense du chemin couvert ; mais pour augmenter, comme le fait ce dernier auteur, l'extension du front, les capitales des bastions sont placées hors de la portée des feux de fusil.

6) *La courtine ne contribue en rien à la défense, bien qu'elle soit la ligne la plus large : les dépenses qu'elle occasionne sont sans objets.*

Carnot, Haxo et Choumara ont cherché à donner quelque énergie à cette grande portion de l'enceinte ; mais, à raison de sa direction aussi bien qu'à cause des ouvrages qui sont à son front, la courtine, surtout en fait de défense rapprochée, ne peut s'opposer avec énergie aux travaux de l'assiégeant.

7) *Les retranchements qui peuvent être établis à la gorge des bastions, sont petits et ne se prêtent que peu à une bonne défense.*

Ces retranchements, formés en ligne droite, en cavalier, en tenaille ou en bastion, manquent d'une bonne artillerie à couvert, de sorte que l'artillerie qu'ils contiennent, doit être détruite du moment que l'ennemi a établi ses batteries de brèche et ses contre-batteries ; de plus, ce sont des ouvrages qui, à raison de leur extension, occupent beaucoup d'espace, parce qu'ils diminuent considérablement la capacité des bastions, inconvénient très-grand quand il s'agit de retranchements peu développés. Bousmard, Chasseloup et ensuite Choumara seuls renforcent leurs retranchements par des camps défensifs, nous voulons dire des camps permanents ; car il est certain qu'à de légères exceptions près on se dispense de construire ces sortes d'ouvrages dans les places françaises, sans doute par des raisons d'économie.

Quant aux retranchements de terre qui s'exécutent pendant le siége, nous n'en parlerons pas; car nous supposons qu'il est aujourd'hui impossible d'en construire sous le feu incessant des batteries de l'assiégeant.

8) *Les flancs contribuent peu à la défense.*

En effet, en supposant éteint le feu de ses batteries découvertes, éteint, disons-nous, dès que l'ennemi a établi et armé ses retranchements, les flancs n'ont plus que des feux de fusil, qui ne peuvent opposer qu'un faible obstacle au passage du fossé et à l'assaut de la brèche, du moment que se réalise le couronnement du glacis.

Bousmard, en donnant un tracé curviligne à ces portions de front, protège ses canons contre l'action du rebond ; et, au moyen de ses casemates aux flancs de la tenaille, il conserve, comme Chasseloup, mieux ses feux de canon pour la dernière période du siége.

Haxo double le feu de ses flancs en augmentant leur extension de manière à pouvoir y mettre une batterie plus grande qu'il conserve par le moyen de casemates de son invention.

Enfin Choumara, en brisant les parapets et les séparant des escarpes, en plaçant aussi des canons aux flancs de la tenaille et aux travers élevés et parallèles à la capitale du bastion, augmente considérablement les feux de flanc en même temps qu'il évite assez bien les terribles effets du rebondissement.

9) *N'étant donnée qu'une simple enceinte bastionnée, l'ouverture de la brèche entraîne la reddition de la place.*

Nous avons vu que quelques auteurs proposent

des *enceintes doubles ou des fronts de contre-gardes;* mais on en a abandonné l'usage, parce que ces lignes doubles et larges ne peuvent plus être défendues du moment que commence le feu de rebond, lors même que les enceintes ne seraient pas parallèles.

De bons retranchements pratiqués aux bastions, des retranchements qui, pour avoir de l'action sur l'intérieur de la place, changent ces bastions en autant d'autres ouvrages indépendants, peuvent seuls remédier à ce grave défaut; mais même les camps défensifs de Chasseloup manquent de la force nécessaire pour que leurs bastions puissent être regardés comme des ouvrages de ce caractère. Aussi Choumara et Bousmard placent-ils les bâtiments militaires en ligne de défense comme retranchements, soit dans les bastions, soit derrière la courtine; mais cette idée ne s'est pas généralisée en France.

10) *La garnison n'a nulle part des abris sûrs durant le siége.*

Si l'on excepte les camps dont nous avons parlé, c'est-à-dire les casemates de refuge peu employées et les espaces couverts par les casemates de Haxo, rien n'a été fait en France pour remédier à ce mal : ce qui n'est pas étonnant, si l'on admet que les abris à l'épreuve affaiblissent, comme disent les Français, le moral du soldat.

11) *Les ouvrages extérieurs sont faibles et coûteux.*

Quant aux ouvrages extérieurs, on en a suffisamment étudié et corrigé quelques-uns des défauts principaux que Montalembert y découvre. C'est ainsi qu'on a établi des communications sûres avec le corps de la place par le moyen d'une double caponnière en capitale et de galeries souterraines : on en a augmenté la force défensive propre par des places-d'armes pourvues de forts réduits, par des travers casematés dans le chemin couvert, par une augmentation de résistance communiquée au réduit de la demi-lune ; et enfin, on a cherché à maintenir l'artillerie de ce dernier ouvrage en se servant de coupures aux ailes, d'une manière analogue à ce qu'on a fait pour l'artillerie des bastions, c'est-à-dire au moyen de petites traverses ou de grandes traverses comme celles de Choumara, ou de la traverse-cavalier de Dufour. L'inconvénient pour la garnison de ces ouvrages, qui se trouve bien plus gênée que servie par les feux de l'enceinte, on a prétendu le corriger en changeant l'inclinaison des feux de cette enceinte, d'après les idées de Noizet, ou en détachant la demi-lune comme l'enseignent Chasseloup et Bousmard, dont les demi-lunes sont en outre fermées à la gorge.

Pour empêcher que les batteries établies aux saillants des demi-lunes ne puissent, par les lacunes des fossés, faire brèche au corps de la place, on a proposé différents moyens de les fermer. Les principaux de ces moyens consistent à unir les réduits de la demi-lune et des places d'armes rentrantes pour changer ainsi l'ensemble des ouvrages extérieurs en une seconde enceinte ; mais, en fermant ces intervalles, on prive les fossés d'une bonne défense ; car on ne peut pas considérer comme telle la défense que font quelques fusiliers placés, par exemple, dans le masque de Noizet.

En résumé, il est facile de s'assurer 1° que les ingénieurs français postérieurs à Montalembert ont fait des modifications importantes et introduit de notables améliorations dans le tracé bastionné de l'école de Mézières ; mais aucune des méthodes qu'ils ont présentées pour la substituer à celle de Mézières, ne remédie à tous les défauts principaux qu'y trouvèrent et reconnurent Carnot, Paixhans, Choumara et d'autres, sans compter l'inventeur de la fortification perpendiculaire; 2° qu'en général ils laissent subsister précisément les défauts les plus graves, tels que : absence complète d'abris pour l'artillerie, la garnison et les munitions ; faiblesse des ouvrages extérieurs relativement à l'ensemble de la défense, et manque de retranchements solides et permanents qui prolongent la résistance de la place au-delà du moment de l'ouverture de la brèche dans l'enceinte.

Disons maintenant deux mots sur la défense souterraine. L'état découvert d'une nouvelle et vigoureuse attaque aux mines par les globes de compression et par la méthode rapide des puits sans détonation ou explosion a fait considérer comme désavantageuse la disposition des galeries enveloppantes et des galeries de communication, parce que celles-ci présentent leurs flancs à l'action des globes, et parce que l'assiégeant, en les détruisant, peut en profiter comme d'excellentes tranchées. C'est ce qui a amené les auteurs modernes ou ceux du commencement de notre siècle, Gillot, Gumpertz, Lebrun, Dufour et d'autres, à établir de nouveaux principes pour déterminer le meilleur tracé de fortification souterraine. Ces auteurs conviennent que les galeries sont détruites avec moins de facilité quand elles présentent leurs pointes à l'action des fourneaux de mines, et que les mines défensives s'affaiblissent à proportion de leur développement; c'est ce qui les porte à dédaigner les immenses combinaisons de galeries et de dépendances par lesquelles les anciens ingénieurs affaiblissaient le terrain de la fortification.

Gillot qui suppose une grande force à la méthode d'attaque par les mines ou les fourneaux sans détonation inventés par Mouzé, se résout à faire application des ressources de la fortification souterraine sous les fossés, au pied des brèches et dans toutes les positions d'un espace réduit qu'il importe à l'ennemi d'occuper pour avancer jusqu'à la place; il en fait autant aux saillants du glacis et aux places d'armes rentrantes, disposant ses fourneaux à 2 ou 3 étages.

Gumpertz et Lebrun condamnent l'usage des fourneaux à plusieurs étages. En avant des places d'armes saillantes et rentrantes ils construisent des galeries perpendiculaires aux capitales, et de celles-ci partent un grand nombre d'ouvertures parallèles défendues aux flancs par d'autres ouvertures inclinées.

Dufour qui écrivit en 1822, suit les idées de Gumpertz et de Lebrun en plaçant ses fourneaux d'une manière analogue et sur un seul plan dont la profondeur peut varier de 5 à 7 vares. Le sol des galeries forme un autre plan qui, partant du fond du fossé, s'incline en pente douce et coupe le premier à 5 vares au bas du pied du glacis. Cette disposition de Dufour est considérée aujourd'hui comme la plus parfaite. Malgré toutes ces tentatives, on peut dire qu'aujourd'hui il n'existe pas en France, de l'aveu même de Noizet, à proprement parler, de système de mines.

CHAPITRE IV.

La fortification moderne appelée allemande.

———

De tous les tracés proposés par Montalembert, celui que les Allemands ont préféré et qui sert de base à toutes leurs constructions modernes, c'est le tracé polygonal : ils ont abandonné le tracé bastionné, dit Maurice de Sellon, à cause des défauts qui lui sont inhérents, défauts que ses partisans mêmes ne peuvent pas s'empêcher de reconnaître et d'avouer.

Les Allemands, se fondant sur le fait que l'enceinte principale ne procure aux ouvrages extérieurs qu'une défense mesquine et insuffisante, que la construction en est coûteuse, et que la nombreuse garnison dont elle a besoin, ne peut y faire une grande résistance, la réduisent le plus possible,

si bien qu'en ses lieu et place ils mettent des ouvrages détachés et indépendants.

Rappelons la forme qu'affectent en général les
tracés allemands, en tenant surtout compte de
ceux de leurs fronts qui sont réputés être les
meilleurs, ou, pour mieux dire, les plus caracté-
ristiques, et qui sont employés de fait dans un
grand nombre de places de guerre récemment
construites en Prusse, en Autriche, dans les
Etats de la Confédération germanique, et surtout
aux bords du Rhin. Il est à regretter qu'ici nous
ne puissions pas, comme nous avons fait en parlant
de la fortification française, examiner l'opinion des
ingénieurs compétents ; car les officiers du corps
du génie allemand ont gardé à ce sujet le plus grand
silence.

Le côté extérieur mesure en moyenne de 500
à 600 mètres. Au milieu de ce côté s'élève une
grande caponnière, dont la forme n'est pas toujours
la même : tantôt elle est rectangulaire, tantôt demi-circulaire ; quelquefois elle est en lunette dont
les têtes forment parfois deux arcs ; d'autrefois ces
deux têtes sont remplacées par une seule ligne
courbe ou demi-circulaire. Le côté extérieur en
question est une ligne droite unique, où il a

deux petites brisures avec des casemates pour flanquer les têtes de la caponnière, ou il se compose de deux lignes qui forment un angle, soit rentrant, soit saillant, mais toujours très-obtus.

La caponnière se compose de deux ou de plusieurs étages voûtés avec des casemates qui mesurent ordinairement 9 mètres de long sur 5 de large ; les casemates des flancs reçoivent en général de l'artillerie : les casemates des têtes, quand elles sont petites et droites, sont réservées pour la fusillade : dans ce cas, on place d'ordinaire une batterie de mortiers au saillant, qui est ou un angle à la capitale ou un angle flanqué. Les feux du bas étage dominent les fossés dans tout leur horizon et le terre-plein du chemin couvert, et ceux de l'étage supérieur commandent la crète du glacis et la campagne. Dans certaines places, comme à Germersheim, les batteries de mortiers sont aussi établies aux angles du polygone, pour obtenir ainsi des feux dans toutes les directions, comme Carnot a proposé de le faire. Ces ouvrages, c.-à-d. les caponnières, sont ou détachées ou unies à l'enceinte par le prolongement des murs de flanc, ou par les brisures ou batteries flanquantes situées dans le corps de la place.

En avant de la caponnière est établi un ravelin ou grande contregarde de dimensions variables, mais d'un saillant peu prononcé, avec ou sans escarpes détachées, dont les ailes atteignent jusqu'à la contre-escarpe du fossé de l'enceinte ; et au-delà du fossé de la demi-lune, se trouvent le chemin couvert et le glacis. A Coblentz cependant, et dans d'autres places, il n'y a pas de chemin couvert, et le glacis est en contrepente d'après la méthode de Carnot, avec un petit réduit placé au saillant qui ménage des feux, pour empêcher le passage du fossé. Dans les places construites en dernier lieu, on a abandonné cette disposition, pour retourner au chemin couvert et au glacis ordinaire : au chemin couvert il y a ordinairement des travers casematés.

Un réduit casematé occupe le lieu de la place d'armes rentrante : dans quelques places, l'angle du polygone est couvert d'une contregarde dont les ailes sont parallèles aux côtés de celle-ci ; c'est ce qui fait disparaître le réduit ; mais, par contre, la lacune du fossé du ravelin est fermée par une batterie casematée. Une autre de ces contregardes sert de réduit au ravelin, comme aux forts de la citadelle de Posen : quelquefois, comme à la tête de pont sur le Rhin, en face de Germersheim, la caponnière centrale et le réduit du ravelin ne sont qu'un seul et même ouvrage, qui, se prolongeant jusqu'à l'intérieur, forme un retranchement de courtine et se trouve combiné avec les réduits-cavaliers casematés établis aux angles du polygone.

Ailleurs, on place des réduits-cavaliers; on met aussi, et c'est ce qui a lieu le plus communément, des camps défensifs susceptibles d'une énergique défense.

Le profil du corps de la place est organisé d'après la disposition de Carnot, et formé d'une escarpe détachée à meurtrières sur un ou deux étages. Mais aujourd'hui on a généralement adopté, comme à Germersheim et ailleurs, les revêtements avec des voûtes en décharge, ou avec des escarpes à demi-revêtement et à chemin de ronde.

Pour les dimensions, nous ne donnerons que celle de longueur du front, parce qu'elle est la plus importante. Elle dépend de la portée de la mitraille, de l'artillerie placée dans la caponnière; elle est d'environ 250 mètres. Dans les autres places, les dimensions sont d'une extrême variété dans les différents ouvrages de défense récemment construits. Dans les ouvrages en pierre, elles dépendent du nombre de pièces qu'ils doivent contenir, de la garnison qui est destinée à les défendre, de leur position stratégique, c'est-à-dire de la nécessité plus ou moins grande d'en augmenter la force à raison des circonstances et de la forme du terrain qui les environne. Quant aux autres dimensions des ouvrages de terre, des travers, etc., elles n'ont, comme dit le capitaine Mangin, qu'une importance secondaire, relativement à l'ensemble du système.

Telle est, en raccourci, la disposition des principaux tracés allemands. Il y en a cependant un qui diffère de ceux que nous avons indiqués : nous voulons dire le tracé qu'on a donné aux fronts du fort Viniari de la citadelle de Posen. On a tracé aux angles des bastions dont les têtes forment des lignes extérieures à la courtine, de manière que la partie de flanc proéminente a deux pièces casematées : le reste du flanc est dégarni vers l'intérieur, et il est séparé des deux demi-courtines collatérales par des fossés de 8 vares de large, flanqués d'un petit orillon qui est au bastion. Ainsi, cet ouvrage, déjà fermé à la gorge par un mur droit, au milieu duquel il y a un blockaus de blocage, reste dans une certaine indépendance de l'en-

ceinte ; la courtine est légèrement tenaillée, et
dans le milieu se trouve la caponnière centrale de
forme quadrangulaire, à deux ordres de feux. Un
large chemin de ronde descend des bastions à la
caponnière, disposition qui ne se rencontre que
dans ce tracé et qui est due au général Brize (1)
(Pl. II, *fig.* 6).

C'est avec les ouvrages extérieurs réduits, comme
nous avons vu, au ravelin à petites dimensions, aux
contre-gardes ou couvre-têtes de terre, aux réduits
de blocage, au chemin couvert et au glacis, que
sont combinés les forts avancés ou isolés, plus ou
moins grands, mais toujours susceptibles d'une
grande défense propre. L'organisation de ces ouvrages consiste en une tour ou réduit de blocage,
ou bien en un camp défensif avec des casemates
pour artillerie et logement, camp qui forme le retranchement intérieur, le cœur, pour ainsi dire,
de la forteresse, parce qu'il renferme dans ses
murs la force principale, et en un mur de terre,
revêtu ou non selon les circonstances, lequel enveloppe le réduit ci-dessus en couvrant ses murs

(1) Pour plus amples détails on peut consulter l'ouvrage
intitulé : *Analyse et comparaison des systèmes allemand et
français*, par le colonel CLAVIJO, 1854.

jusqu'à la hauteur du cordon, et qui a son fossé défendu par de petites caponnières ou galeries à meurtrières de contre - escarpe, par un chemin couvert et un glacis. On supprime ordinairement le premier de ces deux ouvrages quand le fort est petit, et que, par conséquent, la garnison est peu nombreuse.

Le réduit occupe, en général, la gorge du fort, pour qu'il y ait un plus grand espace libre au front, et pour que les ouvrages d'arrière-garde puissent plus facilement examiner l'état où se trouve le réduit s'il vient à être attaqué, et qu'il lui soit porté secours en temps opportun. Il résulte de cette disposition que les feux que dirige le réduit par le côté extérieur de la muraille de gorge du fort, prennent à revers ou de flanc les logements de l'ennemi sur le glacis des ouvrages qui sont à son dos.

Si ces ouvrages sont tels qu'ils puissent être attaqués de tous les côtés par l'artillerie, dans ce cas la tour ou le réduit qui en fait partie, est également couverte de tous les côtés ; mais, si ces ouvrages entourent une place ou un autre ouvrage principal quelconque qui puisse les protéger, les masses de terre ou lignes protectrices ne s'étendent que devant ces portions sur lesquelles l'ennemi peut diriger ses batteries de la campagne : dans ce cas , la gorge de ces ouvrages se ferme par un mur à meurtrières en ligne droite, ou en forme de redan, ou par un tambour au centre, qui les met à couvert d'un coup de main. En général, les communications avec la campagne du réduit et du terre-plein de l'ouvrage qui l'enveloppe, sont indépendants, parce que l'occupation par l'ennemi de l'un de ces ouvrages n'entraîne pas la perte de l'autre.

Les casemates du réduit, comme celles qui sont construites dans la place, servent à loger la garnison et à conserver les munitions de toute espèce. Elles jouent donc le rôle de casernes et de magasins ou dépôts, qui quelquefois ont effectivement la forme d'un édifice-caserne, et d'autres fois ont celle d'une tour circulaire ou demi-circulaire, ou celle d'un tracé quelconque qui dépend des circonstances et de la configuration du sol ainsi que de la zone militaire de la place.

Ces réduits étant, comme nous avons dit, couverts jusqu'à la hauteur du cordon ou jusqu'à la naissance du second étage quand ils en ont plus d'un, on ne peut placer qu'un canon dans les casemates qui se trouvent sur cette ligne ou sur la plate-forme. Dans le réduit inférieur se placent les obusiers qui tirent d'élévation.

En résumé, la fortification d'une place de guerre construite d'après la méthode dite allemande, peut se décrire en gros, et en tenant compte des constructions les plus généralisées, de la manière suivante : 1° Enceinte formée de grands fronts dont la principale force gît dans la grande caponnière casematée qui est située au centre de ces mêmes fronts (et quelquefois aux angles du polygone) et dans les batteries de mortiers qui y sont construites ou dans le saillant de la caponnière, ou à ces deux points à la fois ; de plus, dans les camps défensifs, tours ou retranchements intérieurs. 2° Ouvrages extérieurs qui ont peu d'extension, dont la communication avec l'enceinte établit et défend la grande caponnière, qui ont des réduits de blocage casematés partout où l'exigent la défense d'un fossé, la direction du glacis ou la dépression du terrain. 3° Des forts avancés ou détachés se défendant réciproquement, ou des ouvrages indépendants dont la force défensive, pour les uns et les autres, se trouve dans leur réduit de blocage.

Il est à peine besoin de dire que la défense souterraine est aussi compatible avec ces ouvrages qu'avec la fortification bastionnée, et qu'elle y entre de la même manière, quoiqu'en général les travaux de mine des réduits de blocage partent, dans chacune des parties, du front de l'ouvrage.

Nous avons dit que nous n'avions en vue que les constructions les plus communes; car, pour celles qui ne sont pas généralement en usage, elles offrent, quant au reste, une variété infinie pour l'ensemble des ouvrages aussi bien que pour les détails.

Que l'on jette les yeux, par exemple, sur la fig. 5 de la Pl. II, qui représente des fronts du fort Alexandre de Coblentz, fort aussi vanté par Humphrey (1) que critiqué par Maurice de Sellon (2) et très-ressemblant au tracé polygonal de Montalembert. Qu'on examine ensuite la Fig. 6 qui représente un des fronts de la citadelle de Posen, dont le tracé diffère considérablement du premier.

Nous avons dit que la variété est infinie. En effet, pour ce qui est de l'ensemble des ouvrages, il n'arrive pas toujours, par exemple, que l'enceinte ou le corps de la place soit la partie la plus forte, la

(1) *Essai sur le système de fortification moderne*, par HUMPHREY.

(2) *Mémorial de l'ingénieur militaire.* 1849.

partie principale, *indispensable*, si nous osons nous exprimer ainsi, pour la défense d'une position. Quelquefois les ouvrages détachés se multiplient ou se fortifient les uns les autres aux dépens de l'enceinte, dont l'importance se réduit au point qu'on ne la considère plus que comme un obstacle servant à prévenir un coup de main. D'autres fois, l'enceinte proprement dite disparaît complètement, et l'on organise la défense à l'aide d'un cordon de forts détachés, mais enlacés par des courtines de terre que les Prussiens appellent *lignes de connexion*; enfin il est des cas, rares à la vérité, où la défense est dévolue aux seuls ouvrages indépendants.

CHAPITRE V.

Réflexions sur les deux méthodes générales de fortification.

———

L'esprit de la tactique moderne, les progrès particuliers à la tactique de l'artillerie, la rapidité et la précision croissantes avec lesquelles s'exécutent les travaux du génie en campagne, la grande facilité avec laquelle les armées et les trains peuvent être aujourd'hui mis en mouvement, la vigoureuse impulsion qu'ont reçue toutes les armes à feu, c'est-à-dire l'introduction des grands obusiers de fer et de bronze, des canons, carabines, fusils rayés et fusées volantes; l'usage généralisé des projectiles creux, des shrapnells, etc. voilà la réunion des causes qui ont imprimé à l'art de la fortification le

caractère d'innovation qui la distingue aujour-
d'hui.

Avant d'entrer en matière, il est à propos de réunir quelques données préliminaires.

1° Les portées des grands obusiers modernes appelés à jouer un rôle important dans l'attaque et la
défense des places, ont les proportions suivantes :

GRANDS OBUSIERS.	CHARGES.		PORTÉES EN VARES.					
			PRIMITIVES.			TOTALES.		
	livres.	onces.	0.	6°	12°	0.	6 °	12°
De 9.	6	»	719	1.832	2.581	2.102	1.948	2.581.
	8	»	950	1.837	2.619	2.043	2.135	2.714.
De 7	2	»	268	1.468	2.354	2.027	1.790	2.354.
	2	8	292	1.799	2.097	2.225	2.098	2.097.
De 6 ¹/₂.	1	12	500	1.450	2.120	1.678	1.904	2.370.
	1	4	334	1.501	2.008	1.560	1.720	2.008.
De 5 { à grenade,	2	2	572	1.529	2.198	1.351	1.867	2.198.
à boulet. .	3	»	500	1.840	»	2.008	2.030	»

2° La portée totale du canon rayé de 30 éprov ⸱⸱

en Suède en 1845 atteint 4455 mètres, soit 5321 vares.

La portée positive du canon rayé de 12, pièce de siége à projectile creux, perfectionnée en France, est de 1800 mètres, soit environ 2150 vares.

La portée totale du même canon a atteint 4000 mètres, soit 4777 vares.

La portée *utile* du canon rayé de campagne du calibre de 4 a atteint 1600 mètres, soit 1911 vares.

La portée totale du canon Armstrong de 32 qui comporte un projectile du calibre de 12, solide ou creux, a, aux termes du général Péel au parlement britannique, atteint à plus de 8450 mètres, soit environ 10,000 vares.

3° Le fusil à aiguille prussien atteint son but à 600 mètres (717 vares), et par la carabine Lancastre, d'après les épreuves faites à Enfield (Angleterre), à 515 vares (500 yards) de distance, 12 coups sur 14 donnent dans le but.

Les expériences faites avec la carabine Minié prouvent qu'à 200 mètres (239 vares) 100 coups successivement tirés atteignent tous un but de 2 mètres de surface en carré; à la distance de 600 mètres (718 vares) 25 sur 100 atteignent un but de même surface; à 1,000 mètres (1196 vares), distance à laquelle l'artillerie de campagne a le moins de sûreté de direction, 6 coups sur 100 atteignent des buts de différentes dimensions.

La portée du fusil Manceaux inventé dernièrement en France est de 800 et même de 1,000 mètres.

Le nombre de cartouches d'infanterie brûlées par l'armée française pendant toute la campagne d'Orient, s'élève à plus de 25,000,000 ; les cartouches avec balle sphérique entrent à peine pour moitié dans ce nombre. (Le général Niel, Journal du siége de Sébastopol.)

Aujourd'hui il est question de généraliser dans l'armée française et même dans toutes les armées l'usage des armes rayées.

4° On a fait à Metz des expériences avec le canon obusier français de 12 chargé de shrapnells, projectile creux rempli de petites balles. On en a déduit que ces projectiles peuvent produire des blessures dangereuses à 1433 vares au moins.

D'autres expériences faites en Belgique ont donné les résultats suivants :

1° Une explosion à mitraille sphérique ou shrapnells équivaut à 176 explosions de fusil à la distance de 240 vares.

2° Un shrapnell, lancé contre un bataillon en colonne, frappe 16 hommes à 840 vares, tandis que la mitraille ordinaire, dirigée au même but et à la même distance, n'en frappe que 8.

3° Quand le bataillon est déployé, c'est le contraire qui se réalise, c'est-à-dire que le shrapnell frappe 8 hommes, tandis que la mitraille en frappe 16.

4° La sape pleine dont le capitaine du génie espagnol D. Juan Tello est l'inventeur, réunit, d'après les expériences faites dernièrement à Aranjuez, les avantages d'une plus grande rapidité par l'augmentation d'un gabion rempli de terre par heure, d'une plus grande protection offerte aux sapeurs contre le feu de la place et d'une plus grande facilité pour la conduite des travaux.

5° Les fusées volantes de guerre sont en voie d'acquérir une portée et une précision remarquables. Le mémoire du général russe Konstantinoff (1) nous présente les données suivantes extraites de la relation officielle que transmet à ce chef le lieutenant colonel d'artillerie de marine Petich qui était à Sé-

____

(1) *Mémoire sur les fusées volantes de guerre,* par le général-major d'artillerie Konstatinoff, directeur de l'établissement des fusées volantes en Russie. 1858.

bastopol pendant le dernier siége. «En janvier, dit-il, quand s'ouvrait le feu des fusées volantes de guerre dans le camp ennemi, il était impossible de trouver, quelque part que ce fût, un abri contre les effets de cet élément. La portée des pièces variait entre 4,000, 5,000 et 6,000 mètres.

«En février, continue-t-il, » des fusées volantes de grande portée, les unes incendiaires, les autres explosives, commencèrent à tomber dans la place de Saint-Nicolas et sur le bâtiment de l'Amirauté, c'est-à-dire, dans les quartiers les plus éloignés de la ville où n'atteignaient pas les projectiles d'artillerie. »

Arrêtons un moment notre attention sur les faits qui se sont accomplis à Sébastopol pendant la célèbre et sanglante attaque sur cette formidable position militaire maritime, qui, comme dit élégamment le général Niel, était en même temps un vaste camp retranché défendu par des fortifications de campagne d'un grand profil. Nous voyons l'assiégeant et l'assiégé faire également usage de canons, de mortiers et d'obusiers : le fer alternant avec le bronze; nous trouvons placés derrière les parapets et les épaulements de terre les grands obusiers et les grandes bombes qui, peu auparavant, armaient encore

les bâtiments de nombreuses escadres. A côté d'affûts ordinaires et usuels, nous en voyons d'autres
plus ou moins légers, plus ou moins compliqués,
les uns en fer, les autres en bois, et, en même temps,
nous rencontrons, dans la place aussi bien que dans
les tranchées, les plus grosses pièces de fer et de
bronze, enterrées par la culasse, pointées à 45°, lancer
à d'énormes distances des boulets massifs et des
projectiles creux de la même manière qu'un mortier lance ses bombes.

Nous découvrons aussi sur les hauteurs de la
Tchernaya des obusiers et des canons de gros calibre transportés à cette hauteur sur des affûts nouveaux et simples de fer, comme on aurait pu y conduire le canon de 4 ou l'obusier de 5, appelés jusqu'ici artillerie de montagne. Enfin, nous acqué-
rons, dans les effets causés par la puissante arme
de l'artillerie, la preuve démonstrative de l'énorme
difficulté à résister à l'action terrible des feux courbes multipliés et bien dirigés.

Quand on réfléchit au calibre et au nombre des
pièces de percussion qu'une armée assiégeante peut
aujourd'hui facilement emmener et dresser sur le
front des murs d'une place de guerre, non plus à
la distance maxima de 600 mètres, mais à celle de

800, de 1,000 et plus (1) des saillants du chemin couvert ; non plus en batteries formées de canons et d'obusiers mesquins et de peu de portée, mais en batteries armées de grands canons rayés et de grands obusiers qui lancent leurs projectiles horizontalement, d'élévation, par des trajectoires décrites de manière à atteindre le but par enfilade ou par ricochet ; enfin, quand on se rappelle qu'à raison de la position de ces batteries, les têtes des ouvrages qui ont le plus de force et d'action contre l'attaque, sont prises d'enfilade, on ne peut s'empêcher de tenir pour perdus tout cet armement et toute cette garnison dissiminée sur les terre-pleins sans défense d'un front bastionné.

L'organisation de tout ouvrage défensif implique trois éléments principaux et étroitement unis : la fortification proprement dite, la garnison qui défend la position et l'armement dont celle-ci dispose. Les deux derniers éléments se trouvent en moindre quantité chez l'assiégé que chez l'assiégeant. Il faut donc que l'avantage de la fortifica-

______

(1) A Sébastopol, dit le général Niel, l'ouverture de la tranchée se fit à 900 mètres environ de l'enceinte.

tion supplée au désavantage résultant de la faiblesse des deux autres éléments.

La fortification ne doit donc pas être une simple réunion d'obstacles matériels derrière ou sur lesquels on place des hommes armés pour combattre contre d'autres hommes égaux en l'espèce, mais supérieurs en nombre : il faut disposer les hommes de manière qu'ils puissent défendre et maintenir la place, non-seulement de front, mais par le haut, par le flanc, par le derrière; par la raison que les défenseurs peuvent être attaqués et atteints par toutes ces directions. Si la défense ne fait pas face de chacune de ces manières en particulier, la place se trouvera toujours et à toutes les périodes du siége dans une position désavantageuse comparativement à celle de l'assiégeant : c'est-à-dire que la fortification manquera son but, celui de protéger efficacement le faible contre le fort.

L'homme, pour se défendre contre la pointe de l'épée de son ennemi, se couvre le front d'un plastron, d'une rondache ou d'un bouclier; mais, pour se prémunir contre les estafilades portées de haut, contre les coups de massue ou de hache, il se munit la tête d'un casque, et l'usage de l'épaulière unie au plastron le protège efficacement contre les attaques de flanc et de revers. A l'époque où furent introduits les armes à feu et le canon, il ne faisait encore que diriger directement les projectiles sur l'objet qu'il s'agissait d'atteindre, et l'obusier à petites dimensions lançait ses grenades d'une manière peu sûre et à de courtes distances, de sorte qu'il n'y avait de réellement dangereux pour un homme couvert de front que les feux courbes du mortier.

Mais depuis que les armes à feu se sont perfectionnées et que le tir à ricochet est trouvé, depuis qu'on fond de grands obusiers et que l'usage des projectiles creux s'est généralisé, les feux courbes et les feux lancés de haut sont devenus plus terribles que les feux directs.

C'est pour cela, dit l'Ecole française, qu'on recourt aux commodes et forts blindages. Et pourquoi pas aux casemates de blocage, demanderons-nous de notre côté? Si celles-ci ont pour effet de décontenancer et de décourager le soldat en l'habituant à un abri commode et tout trouvé, la même chose n'arrivera-t-elle pas avec les blindages, s'il faut en construire en aussi grande quantité que le demandent les besoins et le bon service de la place? Et si les uns gênent ou rendent plus difficile le maniement du canon, les autres ne présentent-ils pas le même inconvénient ? Si les éclats de pierre que dispersent les projectiles en frappant aux têtes et aux jouées des embrasures de blocage, atteignent les artilleurs, ou si la fumée condensée dans les voûtes leur est pénible, la position des hommes et de l'armement en est-elle meilleure pour être constamment en butte au feu de l'ennemi, feu qui leur vient de toutes directions et de toutes les manières ?

De plus, il y a une différence immense entre avoir des abris tout construits pour le moment du commencement de siége et les construire précipitamment sous le feu nourri des batteries de l'assiégeant. Les troupes employées ainsi à ce travail harassant et périlleux, qui ne peut être mené à fin qu'au prix de beaucoup de sang répandu et de l'emploi d'un nombreux matériel dont il n'est pas toujours facile de disposer, — et dût-on disposer de tout le matériel nécessaire, les travaux résistent bien rarement à la forte percussion de la bombe, — les troupes ainsi employées, disons-nous, pourraient, les abris étant construits d'avance, être plus utilement employées à faire des sorties, à réparer les dommages causés aux ouvrages de défense par le feu de l'ennemi, à rester au repos, pour être prêtes à repousser avec la vigueur convenable les attaques attendues.

On peut donc dire, sans préjuger la question de la préférence à donner aux deux méthodes de fortification allemande et française, et en ne les considérant que sous un point de vue général, que les abris à l'épreuve construits pour abriter la garnison, aussi bien que ceux qui sont destinés à couvrir les armes employées à la défense ou destinées à un autre service, sont d'une application éminemment utile et presque indispensable dans la construction des fortifications.

Nous ne voulons cependant pas dire par là que tous les ouvrages casematés doivent être regardés comme bons et avantageux ; loin de là, nous reconnaissons qu'il y en a beaucoup qui, à raison de leur construction défectueuse ou de leur mauvaise disposition, sont vicieux et nuisibles. Nous ne prétendons pas davantage établir que les casemates les plus solides et les mieux construites de blocage, établies au front d'une place dans les conditions les plus désirables, forment une position inexpugnable : nous connaissons la puissance de l'attaque pour réduire à néant une telle prétention. Il est hors de doute que les casemates ne tiendront pas contre l'action d'un feu de batterie multiplié et bien dirigé, si l'assiégeant peut compter sur la quantité de son armement, sur le nombre de ses hommes et sur le temps nécessaire pour réduire la place. Mais, cette concession faite, nous le forcerons, dans tous les cas, à subir d'énormes sacrifices de personnel et de matériel et à conduire ses attaques avec une lenteur telle, qu'il ne puisse pas poursuivre ses travaux de tranchée, ou qu'il soit physiquement et moralement excédé par les mille inconvénients qu'il y a à vivre en plein air et à découvert, ou que les différentes péripéties de la guerre et les fréquents changements de politique permettent à une armée de secours d'arriver, et que, de manière ou d'autre, il soit contraint de lever le siége. Si ce résultat est obtenu, la fortification a rempli son objet. Il ne saurait être douteux que les abris sûrs que le soldat élève pour lui, pour ses compagnons blessés, pour ses armes et ses munitions de toute espèce, ne contribuent d'une manière positive à soutenir son moral et à lui faire supporter allégrement les peines attachées à un long siége. On prétend que le moral du soldat assiégé sera influencé désavantageusement à la vue des premières batteries ennemies précipitant une partie des murs de front des casemates où il avait placé toute sa confiance. Mais, par une raison identique, l'esprit de l'assiégeant ne sera-t-il pas influencé par la vue imposante de ces murs de pierre où il ne peut apercevoir aucune bouche à feu ni même quelquefois un seul être vivant pour y diriger ses coups ? Si le premier est vrai, il n'y a plus de raison pour que le second soit faux. A ce propos, nous pouvons constater le fait qu'une nombreuse escadre est restée longtemps sur le front de forts casematés à l'entrée du port de Sébastopol, sans engager de combat proprement dit, inaction qui bien certainement ne provenait ni de manque d'habileté ni d'absence de résolution de la marine.

Un des moyens employés pour vérifier laquelle des deux méthodes, de l'allemande ou de la française, est préférable, a été celui de calculer la rapidité avec laquelle avancent les travaux de siége, en supposant une attaque dirigée contre des places fortifiées exclusivement de chacune des deux manières. Malheureusement, cette manière d'épreuve n'aboutit à aucune conclusion légitime, parce que les données expérimentales font défaut; ni la méthode allemande, ni la méthode française de Noizet, ou de l'Ecole de Mézières, corrigée n'ont subi l'épreuve d'un siége en règle. Cependant il est logique de supposer, comme nous avons dit plus haut, en tenant compte de la puissance actuelle de l'artillerie, que les abris à l'épreuve ont donné à la méthode allemande une supériorité incontestable ; la prétention de quelques auteurs qui ont cherché à démontrer le contraire par des calculs, nous semble, pour le moins, exagérée.

Loin de nous l'idée de croire que nous ayons trouvé le fin mot de cette espèce de fortification ; mais ce qui est indubitable, c'est que les adversaires de cette méthode n'ont pas toujours proportionné leur critique aux lois d'une logique sévère.

Le capitaine Maurice de Sellon, par exemple, attaque un des forts principaux construits à l'orillon gauche du Rhin pour protéger Coblentz, le fort Alexandre, dont les fronts ont la forme représentée par la fig. 5, Pl. II. Tous les efforts de l'ingénieur français[1] sont tournés à détruire les feux casematés des ouvrages de ce fort. A force de calculs, il arrive à son but en démolissant une à une les casemates auxquelles il en veut ; mais l'ouverture de la tranchée, de même que la construction des batteries et contre-batteries de brèche de-

____

[1] *Mémorial de l'ingénieur militaire*, 1849.

viennent des opérations difficiles et dangereuses, et par conséquent il faut un laps de temps considérable à l'assiégé pour arriver à ses fins. L'auteur finit, après s'être débarrassé d'une grande partie des feux du canon de l'assiégé, par couronner le chemin couvert; il entreprend le passage du fossé, et immédiatement passe à l'assaut de la brèche, qu'il exécute rapidement; car il suppose qu'alors la grande canonnière centrale est complètement ruinée. « L'assiégeant, dit-il, étant maître du corps de la place, sera maître de la tour de Montalembert, qui sert de réduit. » Il semble donc que l'opération qui reste à exécuter, ait une certaine difficulté et complication ; néanmoins l'auteur l'expédie en ajoutant dédaigneusement : « C'est une affaire d'artillerie. » Comme il ne se passait pas autre chose depuis le commencement du siége, cette conclusion du capitaine Maurice de Sellon ne dit rien, et si elle disait quelque chose, ce serait en faveur de la tour de Montalembert, parce qu'à coup sûr ce n'est pas l'importance des retranchements intérieurs qui distingue la fortification bastionnée. Nous ne sommes pas surpris de cette conclusion que nous pouvons appeler légère dans un sujet aussi grave, depuis que nous avons vu le capitaine

Maurice s'exprimer ainsi au commencement de son analyse des plans de Montalembert : « Epouvanter l'ennemi par un déploiement immense de batteries casematées et de murs crénelés qui auraient imposé au moyen âge et avant les progrès réalisés depuis dans l'art d'attaquer, de frapper de ricochet et de battre en brèche à de grandes distances ; voilà le secret, le dernier mot de la fortification perpendiculaire. » Quant à nous, nous ne doutons pas que 300 canons, couverts et cachés aux feux directs et courbes des batteries de l'assiégeant, n'aient de quoi imposer à celui-ci au même degré, aujourd'hui, hier et demain.

Un autre capitaine du génie, M. Mangin, dit que les deux qualités que Montalembert revendique pour son tracé polygonal, savoir la nombreuse artillerie qu'il est possible de placer dans les ouvrages et le grand développement que l'assiégeant est obligé de donner à ses travaux d'attaque pour agir sur un point quelconque des fronts de la place, n'ont aucune valeur réelle. Il avoue cependant que sur un front polygonal on peut monter jusqu'à 390 pièces d'artillerie qui regardent la campagne, tandis qu'un front bastionné n'en comporte que 260 au plus ; il reconnaît de plus que, pour les travaux d'attaque, ceux qui sont dirigés contre le premier, exigent un développement de tranchée de 800 mètres à la seconde parallèle, et de 150 à la troisième. On ne comprend donc pas que le même auteur puisse dire, à la ligne suivante, que dans ces conditions, particulièrement dans la dernière, les progrès de l'attaque ne puissent être retardés d'un seul jour. Il prétend justifier son assertion en disant qu'il serait difficile pour l'assiégé de manier une aussi nombreuse artillerie, et que les travaux de sape s'exécutent aujourd'hui avec une extrême rapidité. Si la première assertion est vraie de l'assiégé, elle le sera également de l'assiégeant, qui se verra forcé à augmenter ses trains et à multiplier ses batteries, avec la différence cependant que l'un aura toute son artillerie préparée et prête à agir, quand l'autre ne commencera qu'à élever ses épaulements. Dire après cela que l'augmentation de travail à la seconde et à la troisième parallèle (950 mètres) fait sous le feu du canon de la place, ne peut retarder d'un seul jour la marche des attaques, c'est hasarder une phrase irréfléchie dont il serait bien difficile de prouver la vérité, quelque rapidité que l'on accorde au travail de la sape : cette assertion est d'autant plus téméraire que l'assiégeant, comme le reconnaît M. M. de Sellon, aura besoin, pour construire ses batteries, d'un temps plus long qu'en l'absence d'un ennemi gênant.

La critique des Français s'est attachée aux fortifications modernes élevées en Allemagne ; mais la critique des Allemands n'a pas ménagé davantage la fortification bastionnée. Le général major Brize (1) établit une comparaison entre la résistance qu'offrent quatre ouvrages indépendants tracés suivant la méthode polygonale, et celle d'une enceinte bastionnée qui envelopperait et protégerait la même superficie que les premiers. A ce propos, il dit d'une manière absolue que la place bastionnée serait obligée de se rendre quand, le logement étant pratiqué sur le glacis et la brèche étant ouverte, l'assaut serait donné par cette dernière ; qu'elle serait obligée de se rendre à ce période, disons-nous, *sans que la plus grande partie des ouvrages dont elle se compose, eût pris part au combat ;* mais qu'on ne peut pas regarder comme rendus les quatre ouvrages indépendants de la méthode polygonale, parce que l'assiégeant n'aurait pas quatre fois répété la pénible opération de la prise des défenses

(1) *Description du nouveau système de fortification allemande,* par le major-général Brize, 1844.

qui entourent chacun des réduits, et que, par suite, il n'aurait pas fait le siége de chacun de ces derniers : c'est-à-dire que la prise n'est possible qu'après la destruction de tous les éléments de défense; à quoi il faut ajouter que les ouvrages indépendants peuvent, avec beaucoup moins de dépense d'argent et de matériaux pour la construction, l'armement et la défense, opposer une résistance trois ou quatre fois plus grande que celle qui peut être faite par une enceinte bastionnée,... etc. Une conclusion aussi tranchante, aussi péremptoire est-elle justifiée? L'auteur l'énonce gratuitement et n'a pas même l'intention de la prouver.

Ces exemples suffisent pour faire voir que la première question soulevée par la recherche de la valeur relative des deux méthodes de fortification, c'est-à-dire l'appréciation du temps plus ou moins long pendant lequel chacune des deux peut résister à une attaque régulière, n'a pas été traitée avec toute l'intelligence et le discernement que réclame l'importance du sujet.

Les feux couverts ou casematés n'ont pas contre les attaques éloignées toute la valeur que leur suppose Montalembert; car ils manquent de cette facilité et liberté avec laquelle joue l'artillerie placée sur des terre-pleins, comme il arrive à un canon qu'on tire à barbette comparativement à celui qui est dressé derrière une canonnière. Mais en revanche, quand la distance se raccourcit et que l'assiégeant se trouve à la hauteur de la deuxième parallèle, les feux courbes combinés avec les feux directs des casemates doivent-être d'une grande efficacité, parce que le but a diminué d'étendue horizontale et que la distance à laquelle il est de la place, peut se mesurer plus facilement. Au dernier période de l'attaque, l'assiégeant perd le pouvoir d'envelopper la place, les fronts de combat sont égaux de part et d'autre ; et, à moins de supposer, ce qui n'est pas possible pour peu que les ouvrages soient construits avec une solidité moyenne, qu'au commencement du dernier période il ne reste ni une casemate ni un canon en état de servir, la position de l'assiégé sera beaucoup plus avantageuse que celle de son ennemi, qui, pour arriver à la crête du glacis, sera obligé de commencer à construire ses batteries à découvert.

Mais, dit-on, les murs masquants des casemates disparaîtront bien promptement, du moment que le feu des premières batteries assiégeantes sera ouvert. Il y a plus : M. Noizet énonce comme expérience qu'une batterie casematée ne pourra jamais lutter avantageusement avec une autre batterie de même force construite à découvert ou en rase campagne. Il n'est pas douteux que les blocages, étant visibles à l'ennemi, n'aient beaucoup à souffrir dès le commencement du combat, et l'expérience en fait foi ; mais que l'on ait soin de couvrir la tête de ces murs en pierre de bons et solides massifs de terre qui parent et arrêtent les projectiles lancés, et, si cette précaution est prise, il sera bien difficile de les détruire ; car les feux courbes, allongés et peu sûrs, auront seuls de l'action sur ces murs, et les projectiles ainsi lancés perdent, en atteignant obliquement leur but, une grande partie de leur force de percussion.

L'expérience a démontré, dit le général major Brize, combien la résistance opposée par ces ouvrages est coûteuse et stérile, si les murs sont opposés au tir direct de l'artillerie de gros calibre ; mais elle a également démontré que la défense peut être très-prolongée et féconde, s'ils sont placés à couvert du feu extérieur. Il faut donc que nos tours et nos camps défensifs soient couverts de manière à n'être pas endommagés par le tir direct de l'artillerie ennemie : il faut qu'ils soient entourés à une certaine distance de terre-pleins....

Si quelques-uns de ces ouvrages réunis occupent une position qui ait pour arrière-garde un ouvrage principal dégagé et indépendant, la position des masses couvrantes ne devient nécessaire qu'aux parties où peut s'avancer l'ennemi pas ses tranchées et ses batteries.

De ces considérations, il suit que la fortification doit disposer de feux élevés et découverts, ou placés sur des terre-pleins pour faire face aux attaques éloignées, et qu'elle a besoin de bonnes casemates protégées par des masses de terre convenablement disposées, afin de pouvoir se défendre efficacement de près. C'est ainsi que l'ont compris, sans doute, les ingénieurs allemands, qui ent fait disparaître dans leurs nouvelles constructions ces tours colossales de quatre étages et plus, proposées par Montalembert. Ces ouvrages ne pourraient être couverts qu'au prix de frais énormes et de massifs de terre de dimensions excessives qui auraient encore l'inconvénient d'empêcher de faire feu par les étages inférieurs des casemates. De plus, si toute l'artillerie que les ouvrages en question peuvent contenir, venait à jouer à la fois, il en résulterait une commotion qui suffirait pour les décomposer et les détruire.

Nous supposons donc aux batteries établies sur les larges terre-pleins d'un front bastionné une grande force pour s'opposer à l'ouverture de la tranchée et à la construction des premières batteries. En effet, dans ce cas, non-seulement elles conservent toute leur puissance et peuvent jouer, comme nous avons dit, sans aucune entrave, mais encore la position relative des différentes parties du front est telle qu'on peut ingénieusement combiner leurs feux qui balaient parfaitement la campagne à cette distance ; mais par là même que les batteries sont découvertes et qu'elles ne forment qu'un seul ordre, l'assiégeant, quand il voudra s'avancer, quand sera venu le moment de l'attaque rapprochée et dernière, ne pourra pas s'y maintenir avec ses affûts brisés et ses canons renversés à terre, au milieu d'ouvrages inondés de feux courbes. L'assiégeant, s'il n'éprouve une résistance vigoureuse, continuera ses attaques. Mais où en sera la défense de la place, si, dans ces conjonctures, elle ne peut pas compter sur de bons et solides retranchements intérieurs d'un caractère permanent ?... que l'assiégeant fasse brèche, et la reddition de la place est immanquable, même avant que l'assaut soit donné. C'est dans ce cas qu'il y a lieu d'apprécier, selon son mérite, la véritable importance des grands réduits, des camps défensifs, des tours de Montalembert dont le capitaine Maurice de Sellon parle avec tant de dédain, en disant que les prendre, « c'est une affaire d'artillerie. »

Il serait plus vrai de dire que ces ouvrages sont de nature à prolonger la lutte et la défense, à faire obtenir au moins une capitulation honorable, ou à donner peut-être la victoire aux assiégés. Combien de fois n'est-il pas arrivé et n'arrivera-t-il pas encore que le salut des assiégés dépende de 24 heures de résistance de plus ?...

Constatons que la propriété essentielle du tracé polygonal est d'empêcher de prendre d'enfilade les différentes portions de son ensemble ; telle est l'ouverture des angles du polygone qu'elle permet de diriger ces portions vers des points où l'ennemi ne peut établir ses batteries, c'est-à-dire sur des points situés en dedans du terrain de la fortification.

C'est là une qualité de premier ordre, dont ne sont pas douées les places bastionnées, parce que leurs angles flanqués sont nécessairement très-petits. Cependant, même pour ces dernières, il peut arriver que l'assiégeant soit obligé de donner un grand développement à ses travaux d'attaque, et de les commencer à une distance relativement grande : ce cas se réalise toutes les fois que la demi-lune, à raison de la grandeur de son saillant, place les angles du polygone dans des rentrants trop prononcés ; ces demi-lunes, s'il fallait leur donner des proportions convenables en avant des fronts polygones, prendraient, à cause de la longueur des fronts, des dimensions prodigieuses, ce qui en rendrait la construction laborieuse et, dans bien des cas, impossible ; car leur utilité ne compenserait pas les frais énormes de leur établissement, ni l'augmentation de garnison qu'en exigeraient le service et la défense.

Quant à la dépense que, dans des circonstances analogues, l'adoption de l'une ou de l'autre des deux méthodes de fortification entraîne en moyenne, nous nous en tiendrons aux calculs les plus probables. Ce sont ceux qui ont été dressés par le capitaine Mangin.

Enceinte bastionnée.

Somme totale par front. . . .   406,350 fr.

Enceinte polygonale, à fronts semblables. à ceux du fort Alexandre de Coblentz.

Somme totale par front. . . .   498,230 fr.

Différence en faveur du système bastionné. . . . . 91,880 fr.

Mais, observant qu'il s'agit de toute l'enceinte, et que les fronts de la seconde méthode ont plus de longueur que ceux de la première, il viendra pour 9 fronts bastionnés. 3,657,150 fr.

Pour 6 fronts polygones. . . 2,989,500 —

Différence en faveur des derniers. . 667,650 fr.

Économie relative $= \frac{1}{5,47} = 0,18$.

Ouvrages extérieurs.

Fortification bastionnée, demi-lunes, réduits de places d'armes et glacis, par front. . . . . 318,300 fr.

Fortification polygonale.

Ravelin, réduits, traverses et glacis, par front. . . . . 382,000 fr.

Différence en faveur de la première. . . . . 63,700 fr.

Enceinte totale :

Pour la 1ʳᵉ . . . . 2,864,700 fr.

Pour la 2ᵉ . . . . 2,292,000 fr.

Différence en faveur de la seconde. . . . . 572,700 fr.

Résumé.

Méthode bastionnée. . . . . 6,521,450 fr.
Méthode polygonale. . . . . 5,281,500 —

Différence absolue en faveur de la
seconde. . . . . 1,239,950 fr.

$$\text{Différence relative} = \frac{1,239,950}{6,521,460} = 0,19.$$

Cette comparaison, comme on voit, donne un résultat favorable pour la fortification dite allemande.

Toutefois, nous devons remarquer qu'à notre point de vue, ce n'est pas d'un tel calcul que puisse ou que doive dépendre la préférence à donner à l'une ou à l'autre méthode de fortification ; car, que fait la dépense de 2, de 6, de 10 millions de plus à un État à qui il importe d'avoir une place de guerre de premier ordre, si par là il ménage le salut d'une armée, s'il réussit à protéger une nombreuse population, et peut-être à maintenir l'indépendance et la liberté de la patrie ? En outre, le calcul que nous avons fait, est peut-être exact dans la comparaison de deux positions déterminées A et B; mais si nous apppliquons la même opération à deux autres places situées en C et en D, il peut se faire que la nature et la topographie du sol, la difficulté de se procurer tels ou tels matériaux de construction, le salaire du travail, et mille autres circonstances locales, fassent varier les *quantités* au point que les rapports se renversent, et qu'il soit plus économique de construire en bastion qu'en polygone.

Nous n'avons présenté ces chiffres qu'à l'imitation de ceux qui se sont occupés à faire l'analyse numérique des différents modes de fortification ; mais nous n'avons pas entendu en tenir compte dans nos considérations sur l'art de fortifier les places , d'autant moins que la différence que nous avons trouvée, n'est pas telle qu'il y ait lieu de s'y arrêter en présence des intérêts majeurs qui sont en jeu.

Mais, en inclinant à donner la préférence à la fortification polygonale avec ses grandes caponnières, ses réduits établis dans le chemin couvert, ses camps défensifs et ses ouvrages détachés, nous nous heurtons à un nouvel inconvénient que l'on attribue à cette méthode. Cet inconvénient résulterait de ce que la garnison se subdivise nécessairement en différents groupes qui se trouveraient jusqu'à un certain point isolés, et sur lesquels le com-

mandant de la place ne pourrait pas exerce r la vigilance qu'il exerce sur les défenseurs d'une place
bastionnée, puisque les premiers sont répandus sur
de vastes terre-pleins accessibles dans toutes leurs
parties.

Il est vrai que l'entrée aux caponnières et aux
réduits casematés est facilitée par des poternes
étroites et incommodes qui paralysent tout mouvement de troupes, tout transport d'artillerie et de
munitions. Dans les forteresses le plus récemment
construites en Allemagne, on a cherché à corriger
ce défaut, qui était sérieux, et qui le serait davantage dans les positions qui ne sont entourées que
de forts détachés ou d'ouvrages indépendants ; car
ces ouvrages sont tellement isolés les uns des autres, que l'on peut dire en toute vérité qu'il ne
peut pas y avoir unité de défense et qu'il est besoin,
non pas d'un seul commandant intelligent et actif,
mais d'autant de commandants qu'il y a d'ouvrages,
autant de commandants, disons-nous, capables par
eux-mêmes de diriger avec sagesse et énergie les
opérations de défense contre une attaque régulière :
c'est là, soit dit en passant, une circonstance qui
doit appeler l'attention de l'ingénieur qui est appelé à dresser un projet de fortification ; autrement

il s'expose à se laisser éblouir par les avantages que ce genre de fortification présente sous d'autres rapports. A propos de cet inconvénient le capitaine Mangin dit qu'un *sentiment de faiblesse accompagne toujours l'isolement.*

Cette phrase, quelque sentencieuse et tranchante qu'elle soit, est exagérée ; il n'est pas possible de méconnaître l'influence favorable du sentiment de noble orgueil et de rivalité qui s'éveille entre de dignes chefs et des soldats placés dans des situations analogues.

Indiquons auparavant que la force défensive, l'énergie de ces ouvrages détachés auxquels les Allemands donnent le nom d'indépendants, se prête, quand ils sont construits d'après les principes d'une bonne défense, à l'établissement de camps retranchés permanents, isolés et appuyés à des places de guerre. Cette observation conduit naturellement à la difficile question de savoir si les points véritablement stratégiques d'un Etat ne doivent être fortifiés que par une enceinte continue, ou bien s'il convient d'employer un cordon d'ouvrages détachés comme première et peut-être unique règle de retranchement On sait que les Allemands aussi bien que les Français montrent, dans leurs constructions modernes, une prédilection marquée pour le second mode de défense. A ce sujet, nous allons exposer ce qu'enseigne sur cette question tant débattue le général du génie français Noizet, dans ses *Principes de fortification permanente* ; nous mettrons ensuite son opinion en parallèle avec celle du colonel Zastrow, consignée dans son *Histoire de la fortification permanente*, ouvrage qui, d'après l'opinion d'un officier français, est un des meilleurs qui ont été récemment publiés en Allemagne sur la matière.

« Une seule enceinte » dit Noizet en parlant de la fortification à grand développement ou appliquée à une grande ville, « est bien peu de chose « pour le rôle que doit jouer une grande place, ce- « lui de servir de base et d'appui à une armée ac- « tive. »

« Il convient donc d'établir aux points qui l'environnent et sont le plus favorablement situés, des forts qui puissent couvrir un corps de troupes qui viendrait à prendre position sous la protection de ces ouvrages sans être obligé d'entrer dans la ville même. Il est vrai qu'au moment où éclate une guerre, il serait encore possible de remédier au défaut de ces forts en construisant autour de la place des camps retranchés en ouvrage de campagne.

Mais, outre que cette construction demanderait un travail considérable qu'il ne serait pas toujours possible, à raison du temps et des circonstances, de mener à fin, une pareille fortification n'offrirait jamais une sûreté ni une protection comparable aux forts permanents : au lieu de dépenser un temps précieux, il vaudrait mieux le réserver à fortifier des points faibles des camps occupés. D'un autre côté, ces forts remplissent un double objet, quand la place se trouve abandonnée à elle-même. En premier lieu, ils suppléent à la faiblesse de l'enceinte (que je suppose seulement à l'abri d'un coup de main), en obligeant l'ennemi à commencer un premier siége avant d'attaquer le corps de la place ; en second lieu, ils tiennent l'assiégeant assez éloigné de la place pour qu'il ne puisse pas l'incendier en y lançant des grenades ou obus, quand le temps ou les moyens lui manquent pour entreprendre un siége régulier. Cette disposition serait parfaite, si elle n'avait un seul inconvénient, celui d'exiger une garnison isolée pour chaque fort en particulier, indépendamment de celle qui est nécessaire pour la place elle-même. Je ne conseillerais donc pas de l'adopter pour une place ordinaire, encore moins pour une place moyenne ou petite de frontière de terre, parce qu'aucune circonstance particulière n'oblige à y recourir; mais je n'en dirais pas autant d'une grande place de guerre du genre de celles que nous considérons; car il faut toujours laisser dans celles-ci une garnison suffisante pour garder la ville et les forts dont elle est armée. Si la position qu'il s'agit de fortifier, est occupée par une grande ville, la question est différente et elle devient ordinairement un objet de controverse. Des hommes de talent ont cherché à établir dans ces circonstances un camp retranché formé de lunettes, de réduits ou de tours isolées qui se flanquent mutuellement et qui sont soutenues par un réduit central qui peut, d'après les circonstances, devenir une petite place ou un simple fort. Cette disposition offre sans doute des avantages sérieux, et, si elle existait quelque part en réalité, il faudrait la conserver; mais beaucoup de célèbres ingénieurs, parmi lesquels on peut citer le général Haxo comme occupant le premier rang, ont élevé contre cette disposition des objections qui m'ont toujours paru fondées, et je pense *avec la plus grande partie des ingénieurs français actuels*, que, pour garder la position en question, il suffit du fort ou de la petite place centrale, dont la nécessité est généralement reconnue pour tous les cas. » . . . .

« L'établissement de camps fortifiés comme ouvrages permanents doit donc, sauf de rares exceptions, être limité au seul cas d'une place de premier ordre, et qui occupe une bonne position militaire. Dans toutes les autres circonstances, il paraît préférable de ne pas établir de camp fortifié, à moins que la tournure que peut prendre la guerre, n'en démontre la convenance : dans ce cas, il faudrait, en construisant cette sorte de camp, tirer parti des places qui pourraient les appuyer, ou des ouvrages avancés ou forts qui existent en avant de ces places. Enfin, quand on pourra établir avantageusement un camp pour défendre une position importante en dehors de la portée immédiate de la place, il conviendra de mettre la position, surtout en pays montagneux, sous la protection d'un fort qui lui serve de réduit. »

Le colonel Zastrow traite des camps retranchés pour 15,000 ou 20,000 hommes établis par Vauban sous le canon des places, et passe en revue les avantages que ce grand ingénieur leur suppose, avantages qui se résument à dire qu'ils obligent l'assiégeant à amener une grande armée et à entreprendre simultanément le siége de la place et celui du camp ; car s'il attaque d'abord l'un des deux, la garnison de l'ouvrage attaqué sera secourue par celle de l'autre ouvrage, et celle-ci aidera la première qui fera de grandes sorties en masse. Après avoir énuméré ces avantages, Zastrow ajoute : « 1° que les camps retranchés peuvent, en cas d'invasion rapide par un ennemi supérieur, servir de point de réunion aux troupes du pays envahi ou empêcher qu'elles ne soient attaquées et battues isolément ; 2° qu'ils offrent, après une défaite, à un corps d'armée (et même à une armée entière à raison de leur grandeur et des magasins abondamment pourvus) un refuge sûr pour se reposer de leur fatigues, réparer leurs pertes et reprendre l'offensive quand les circonstances le permettront ; 3° qu'ils servent, quand la place n'est pas assez grande, à recevoir et protéger les magasins d'où l'armée qui tient la campagne, tire ses subsistances ; et 4° enfin qu'une place qui n'a pas de camp retranché, n'arrête pas aussi facilement un ennemi envahissant, parce que celui-ci la bloquera et continuera sa marche en avant, ce qu'il se garderait de faire, s'il laissait derrière lui un corps de 10,000 ou 12,000 hommes en sûreté dans leurs retranchements. »

L'utilité des camps, et l'inconvénient que présentent les lignes continues de Vauban qui peuvent presque toujours être prises d'escalade, font préférer la fortification au moyen d'ouvrages isolés. Ceux-ci font, en quelque sorte, l'office de bastions, et les troupes placées pour la défense dans les intervalles, jouent le rôle de véritables courtines mobiles.

Quelquefois ces intervalles sont fermés, en tout ou en partie, par des parapets de terre flanqués d'ouvrages protecteurs. « Il est évident, » conclut Zastrow, « qu'un camp dont les forts isolés sont munis de nombreuses casemates défensives et qui réunissent tous les moyens de défense que la fortification permanente seule puisse offrir, doit opposer une résistance incomparablement plus grande qu'un camp retranché construit au commencement de la guerre en ouvrage de campagne renforcé tout au plus de blockhaus. La fortification d'une place qui comprend des forts détachés, doit donc exercer sur la stratégie toute l'influence d'un camp retranché, et offrir une puissante protection à une armée qui opère sur le théâtre de la guerre sur lequel se trouve la place ainsi fortifiée. »

La plupart des fortifications construites en Allemagne depuis 1815 forment de vastes camps retranchés dont les centres sont occupés par les forteresses proprement dites qui sont l'âme de la défense.

Tout le monde s'accorde donc à reconnaître l'utilité des camps retranchés : l'Ecole allemande la reconnaît d'une manière générale, l'Ecole française la reconnaît pour des cas particuliers et déterminés , en admettant les retranchements de campagne que désapprouve Zastrow.

Or, les camps défendus par des retranchements de campagne continus ne peuvent, à moins d'avoir un développement énorme, contenir que 10,000 à 12,000 hommes; pour rendre cette enceinte permanente, il faudrait y mettre des sommes fabuleuses, au moins égales à celles que coûte la place qui leur servirait d'appui. Cette considération peut passer pour une raison de plus à donner la préférence aux camps formant un cordon d'ouvrages détachés, et il ne saurait être douteux que les ouvrages dits indépendants, avec leur puissants réduits casematés, ne soient, dans ces cas, éminemment applicables.

Quant à l'appui que les camps doivent recevoir d'une place fortifiée, ou à la nécessité de les munir d'un fort qui leur serve de réduit, il n'y a qu'une opinion. Le grand camp de Lintz est un phénomène qui ne compte pas beaucoup d'admirateurs.

Revenant maintenant au tracé des places, nous allons discuter une autre observation qui se reproduit toujours à propos de la comparaison des méthodes allemande et française : observation d'autant plus intéressante, que, généralement parlant, on en a tenu peu de compte et qu'elle se rapporte à la facilité plus ou moins grande avec laquelle les tracés se plient au terrain fourni par la nature. Toutes les questions de fortification tournent dans la supposition que le terrain où il s'agit de construire une forteresse, est sans accidents, ou plutôt qu'il forme un plan, et c'est là précisément le cas qui se rencontre le plus rarement, surtout en Espagne.

Soit un officier du génie chargé de fortifier une position signalée comme importante et avantageuse d'après les lois de la stratégie ; — supposons qu'il s'agisse de fortifier une portion de terrain plane et qu'on lui donne à construire un polygone d'un nombre indéterminé de côtés sur chacun desquels doit s'appliquer le tracé Noizet, par exemple : le

problème qu'il aura à résoudre, se réduit à un travail purement géométrique, ou plutôt à un travail
de dessin et de figure ; car ce tracé, parfaitement
défini à priori par l'extension donnée des lignes et
la grandeur invariable des côtés, peut paralyser ou
rendre jusqu'à un certain point inutile la faculté
d'imagination de l'ingénieur projeteur ; en revanche, il lui offre toute sécurité pour la tâche
qui lui incombe. Mais la zone que la fortification
en question doit occuper, étant, eu égard à la longueur des côtés du polygone, assez étendue pour
permettre de présumer qu'il ne se rencontrera pas
deux positions où le tracé puisse se faire de la même
manière que sur le papier, la question de la désenfilade prendra de très-grandes proportions. Un
monticule, un terrain bas dominé par des hauteurs,
un espace bourbeux, l'anfractuosité d'une petite
rivière, etc., un accident de terrain quelconque
suffit pour rendre difficile et quelquefois même impossible l'application de ce tracé : pour neutraliser
ces obstacles, il faudrait démolir une colline par
sa base, ou terrasser des fondrières, ou, pour
échapper à ces inconvénients, s'engager dans une
série de problèmes pénibles, dont la résolution exi-
gerait l'augmentation des reliefs à une hauteur dé-

mesurée, ou il faudrait accumuler de larges traverses qui occuperaient une grande partie des
terre-pleins et embarrasseraient le service de la
garnison. Toutes ces difficultés et embarras sont la
conséquence nécessaire de l'ingénieuse et étroite
relation qu'ont entre elles toutes les parties du tracé,
si bien qu'une modification apportée à l'une d'elles
entraîne une modification aux autres, c. à. d.
qu'une partie quelconque étant modifiée, cette modification affectera l'ensemble. Il en est tout autrement du tracé polygonal. Dans celui-ci la combinaison des lignes, la relation des parties entre elles
n'est pas tellement déterminée et invariable qu'elle
ne puisse être modifiée en cas de besoin, sans
préjudice pour son élément principal, la grande
coponnière centrale : ni les dimensions ni la forme
de celle-ci ne sont tellement fixes et immuables,
qu'elles ne puissent se plier à la configuration et
aux qualités du sol qu'elle doit occuper ou défendre
de front. C'est ainsi qu'il n'importe que tel ou tel
fossé de ses ouvrages s'éloigne, par suite d'une dépression du terrain, de la direction obligée d'un
de ses murs, ou d'un point quelconque dépourvu
de feux ; car il est facile de suppléer à cet inconvénient par un réduit, une caponnière, une galerie

d'escarpe ou de contre-escarpe Étant donnée la grande caponnière sur le terrain, les côtés du polygone se développent à droite et à gauche en ligne droite ; mais si les conditions topographiques ne se prêtent pas à ce développement, on double les côtés en question par le milieu, vers l'intérieur en forme de tenaille ou vers l'extérieur en forme de rentrant, sans qu'il en résulte un affaiblissement de la force de résistance du front. Si, dans la zone militaire d'une place à construire, il se trouve une position dominante, un point important ou décisif pour la défense, on ne recourt pas, comme dans la fortification française, à une lunette qui, à raison de sa configuration, a besoin de l'appui immédiat de la place ou de ses faibles ouvrages extérieurs, mais on y construit avantageusement un ouvrage indépendant, qui renferme dans ses murs tous les éléments nécessaires pour soutenir un rigoureux siége.

La fortification bastionnée peut donc, quant au tracé du corps de la place, s'appliquer facilement aux terrains plats, c'est-à-dire aux terrains analogues à ceux où l'on a réussi à perfectionner ce genre de fortification ; mais cette facilité va décroissant et disparaissant à mesure que le terrain devient plus accidenté, au point que, comme le reconnaît Noizet lui-même, l'application en devient absolument impossible.

Dans les espaces circonscrits, les réduits bastionnés sont déplacés et gênants, parce que les ouvrages enlèvent une grande partie de terrain libre et utile afin que la courtine occupe une position retirée par rapport aux saillants; les réduits ou tours casematées, au contraire, permettent de diminuer sans gêne le développement des lignes de fortification.

« On a cru en France, dit le capitaine du génie français Ed. de La Barre du Parcq (1), que l'emploi de ces forts (les tours à la Montalembert qui entourent Cologne) pourrait être avantageux quand il s'agit de fortifier isolément une position peu étendue et dominante, parce que, d'une part, ce tracé permet d'abréger les lignes de fortification plus que ne le fait le tracé bastionné, et que, d'autre part, le ricochet étant peu à craindre dans les positions élevées, les caponnières casematées rempliraient leur objet jusqu'à l'établissement des batteries sur la crête du chemin couvert du front. Dans un pays moyennement accidenté, cas qui est le

____

(1) *Études Militaires sur la Prusse.*

plus ordinaire, et à plus forte raison dans les positions montagneuses où le tir à ricochet est peu efficace, la méthode polygonale est d'une application facile sous tous les rapports ; car son ˌtracé se prête à autant de combinaisons différentes que la configuration capricieuse du sol offre de variations dans sa structure (1). »

Mais, comme nous avons dit, l'application de la fortification à front bastionné est, dans une foule de cas, une question pénible de désenfilade, tandis que l'application du système polygonal, tout ˌen restant fidèle à ses principes fondamentaux, est libre, dégagée, sans contrainte, sans entraves pour l'imagination de l'architecte militaire ; la méthode bastionnée suppose donc un vaste fonds de connaissances spéciales à celui à qui est confiée la solution de ce difficile problème. C'est précisément dans la facilité avec laquelle la méthode polygonale se plie à toutes les combinaisons imaginables, que se trouve son plus grand mérite. Pour un officier

(1) « Dans les terrains fortement accidentés et dans les pays montagneux, » dit Noizet, « on est quelquefois forcé de renoncer à la forme bastionnée : dans ce cas, tous les tracés sont bons, à condition qu'ils se plient à la configuration du sol et qu'ils satisfassent aux conditions du flanc. »

expérimenté et intelligent, cette liberté, cette latitude est une bonne fortune ; sera-t-elle un grand embarras pour celui qui ne possède pas ces qualités? Verrons nous dans cette circonstance un défaut inhérent à la fortification dite allemande? c'est là une question à laquelle on peut répondre affirmativement ou négativement, et dont la discussion nous mènerait à une série de raisonnements diffus et peu utiles. Quant à nous, nous croyons que, dans aucun pays où l'instruction des ingénieurs se fait d'une manière développée et solide, il ne peut manquer d'hommes capables d'appliquer avec succès l'art du génie au terrain offert par la nature. La plus grande partie des hommes est destinée à exécuter la pensée d'un petit nombre d'esprits distingués.

CHAPITRE VI.

Les casemates.

Revenant aux feux couverts, nous avouerons que tous les avantages dont on fait honneur à l'usage des blocailles creuses, élément principal des tracés de Montalembert et des constructions de l'école allemande, se trouveraient annulés, du moment qu'on pourrait démontrer que la fumée renfermée dans les casemates empêche d'en faire usage, ou que même les casemates dont le front est couvert par des massifs de terre disposés avec intelligence, peuvent être facilement détruites par le canon ennemi, ou enfin que la guerre pratique en a déjà fait justice. Il ne peut y avoir que trois espèces d'abris à l'épreuve ou voûtés : 1° ceux qui sont employés à couvrir les armes des défenseurs et d'où s'engage le combat avec l'ennemi; 2° ceux qui servent de logements et de magasins; 3° ceux qui, à raison de leur disposition intérieure ou de leur situation spéciale, servent à ces deux fins réunies.

Ceux de la 2ᵉ et de la 3ᵉ espèce économisent la construction d'un grand nombre de bâtiments militaires à l'intérieur des places : leur composition et capacité sont soumises aux conditions générales que doivent remplir les édifices militaires ; mais en même temps ceux de la 3ᵐᵉ espèce ont à répondre aux conditions que doivent réunir ceux de la première espèce, c'est-à-dire à des conditions offensives, dont nous allons nous occuper en particulier.

Traitant des anciennes voûtes closes de murs de front minces et complètement découverts aux batteries ennemies, l'ingénieur espagnol Don Juan de Santans dit, il y a plus de deux siècles, dans son Traité de Fortification Militaire : « Les casemates sont des logements pratiqués aux traverses ou aux flancs, d'où l'on peut nettoyer le fossé quand l'ennemi tente de le passer pour miner le mur, ou y établir une galerie : la casemate peut renfermer de l'artillerie ; elle se construit en dedans du bastion, à l'angle qui se forme avec la courtine et la traverse qui prend presque la moitié du bastion ; mais, de notre temps, on n'en fait pas usage, parce qu'il s'est trouvé par expérience que les casemates flanquent la forteresse et que l'ennemi cherche à y envoyer les boulets de l'artillerie de rebond de la courtine sans la voir et y fait un grand dégât, et pour d'autres inconvénients que l'expérience a démontrés. » Mais il est possible de construire les casemates en question suivant les règles et préceptes de l'art, avec toutes les conditions de solidité et de grandeur que réclame la nature du service qu'elles sont appelées à rendre; on peut même en augmenter la force en sacrifiant, au besoin, une parti de l'abri qu'elles donnent, à l'élargissement et à une ventilation indispensable; on peut les pourvoir de soupiraux abondants, et, ce qui plus est, on peut les ouvrir entièrement par le derrière. Cela étant, et vu les progrès réalisés par la balistique, il n'est pas possible, avons-nous dit, de douter de l'excellent effet et de l'opportunité de leur application. Cependant, recherchons si l'expérience est d'accord avec le raisonnement par lequel nous avons d'abord essayé de faire connaître les formes les plus remarquables qui ont été données aux casemates offensives.

Depuis les casemates d'Archimède, celles qui se trouvent dans quelques tours et ruines de courtine restées des fortifications antiques, et celles qu'on peut encore étudier dans les châteaux de Sanlucar et de Niebla déjà cités, les premières que nous trouvions employées avec une certaine régularité aux ouvrages de défense, ce sont les casemates proposées par Albert Durer en 1527 (Pl. III. fig. 3 et 3'). Cette espèce de voûtes qui s'appuie sur le mur d'escarpe et qui, par conséquent, est entraînée dans sa chûte, a toujours été considérée comme très-défectueuse. Aussi l'ingénieur hollandais Dillichs proposa-t-il, dès 1640, pour les flancs bas des bastions, des casemates perpendiculaires ou ayant un axe normal au mur en question (Pl. III, fig. 4).

Les casemates de l'ingénieur allemand Scheiter (1672) fig. 5, combinent les deux genres de construction.

La figure 6 représente les casemates proposées par La Siure en 1677, entièrement ouvertes par le derrière.

La figure 7 représente les casemates des tours de Vauban (1698).

La figure 8 donne un échantillon des casemates proposées par D. Sébastien Fernandez de Medrano (1700) (1).

(1) *L'Architecte parfait dans l'art militaire*, par D. Sébastien Fernandez de Medrano, 1700. « Avec ces voûtes, » dit l'auteur, « on fera jouer l'artillerie à plaisir, surtout si

La figure 9 donne un échantillon des batteries couvertes établies par Glaser (1728) aux capitales des bastions et des demi-lunes.

La figure 10 reproduit les casemates établies par Auguste II, roi de Pologne, dans ses tours de pierre (1737).

La figure 11 reproduit celle que le même roi place aux parapets des grandes tenailles pour la défense des fossés et pour empêcher l'établissement des batteries de brèche.

La figure 12 reproduit les casemates de Rotzberg (1744).

La figure 12 représente les casemates proposées en 1750 par D. Esteban de Penon pour le bastion de San-Carlos de la place d'Alicante, casemates qui surprennent par leur mode de construction, parce qu'on y voit l'expression de la pensée de Haxo, dont les casemates postérieures de plus de 70 ans ont été l'objet de tant d'éloges et qui sont encore aujourd'hui les plus estimées en France.

La figure 13 représente le profil des courtines du front proposé par La Chiche en 1767.

les pièces sont montées sur des affûts de mer ; car ce sont ceux que je préfère pour les places de guerre, et, dans tous les cas, pour celle que je considère. »

La figure 14 représente les casemates employées par Fallois (1768).

Les figures 15, 16 et 17 présentent les dispositions les plus remarquables de Montalembert (1776 et 1786).

La figure 18 présente les casemates construites à Cherbourg en 1787.

La figure 19 présente les casemates proposées par Bousmard pour les flancs de ses tenailles (1799).

La figure 20 représente les casemates, dites casemates Haxo, du nom de leur inventeur (1826), construites à Grenoble et dans d'autres places françaises.

La figure 21 représente celles du fort de Loyasse de Lyon, semblables aux précédentes.

La figure 22 représente celles qui ont été construites à Cologne.

Les figures 23 et 24 de la Pl. III., et la figure 25 de la Pl. IV représentent celles qui furent proposées en 1843 par le capitaine Merkes du corps des ingénieurs de Hollande.

Les figures 26 et 27 de la Pl. IV, représentent les casemates de Herrera Garcia.

La figure 27' représente celles qui furent proposées en 1844 par Madeleine.

La figure 27" représente celles qui ont été proposées en Belgique pour la fortification d'Anvers.

Les figures 28, 29, 30 et 31 présentent différentes dispositions ou casemates employées aux fortifications allemandes les plus récentes.

Les figures 32 et 33 représentent les casemates pour les mortiers de Virgin (1788).

La figure 34 représente les casemates pour les mortiers de Carnot.

La figure 35 représente les casemates construites à Comorn.

La figure 36 représente les casemates proposées par Fergusson.

La figure 87 représente les casemates doubles usitées en Allemagne.

La figure 38 représente les casemates simples employées en Allemagne.

Les figures 39, 40, 41, 42, 43, 44, 45 et 46 donnent des échantillons des diverses formes de galeries crénelées ou à meurtrières qui sont employées principalement dans les forteresses allemandes et françaises.

Ce rapide coup d'œil nous fait voir, pour le moins, le grand intérêt qu'on a pris, dans tous les temps, aux blocages creux, et les efforts qu'on a toujours faits pour en améliorer les conditions. Si, parmi tous ces modèles, nous pouvions déterminer avec certitude lequel est le meilleur pour chaque cas où une casemate est applicable, le problème qui nous occupe, serait résolu. Mais il n'en est pas ainsi, par plusieurs raisons : 1º parce que l'expérience n'a pas établi la différence de ces systèmes ; 2º parce que les combinaisons introduites dans le tracé des fortifications par l'infinie diversité de formes et d'autres circonstances, tels que accidents de terrain, etc., sont tellement nombreuses, que, dans tous les cas où les casemates réunissent les conditions de résistance suffisante et de ventilation facile, tous les modèles peuvent être, dans les cas donnés, également bons. Mais, à défaut d'une expérience décisive acquise par la guerre, examinons le peu de données qu'elle nous a fournies d'une autre manière, et constatons les recherches faites pendant la paix pour suppléer en quelque sorte à des épreuves plus brutales. On met à la charge des casemates d'artillerie et fusillade les défauts suivants qu'on signale comme principaux, et que nous analyserons, à mesure que nous les énoncerons, en ayant soin d'indiquer les moyens de les corriger.

La fumée qu'un feu soutenu ou continu produit dans les casemates, rend impossible le service des armes à feu.

Nous savons déjà par Rimpler qu'au siége de Candie (1669) les canonnières, pour avoir été étroites et couvertes, se remplissaient fréquemment et complètement de fumée, ce qui était très-pénible pour la garnison ; mais que, malgré cet inconvénient, le feu continuait sans grande difficulté.

En 1780, Montalembert éleva dans l'île d'Aix un fort de côte pour protéger la rade ; faute de temps, les étages de ce fort furent construits en bois. Il était formé de deux ordres de casemates, et sur la plate-forme étaient placés des canons qui, avec ceux des casemates, se montaient au total de 102. On disait alors qu'il serait impossible de servir un aussi grand nombre de pièces, mais que, lors même qu'il n'en serait pas ainsi, l'ébranlement produit par le feu simultané de toutes ces bouches à feu suffirait pour détruire l'ouvrage. Le gouvernement français, devenu inquiet par la gravité de cette assertion, appuyée, entre autres, par le général Fourcroy, ordonna que, par voie d'essai, il fût fait dans le fort, pendant plusieurs heures de suite, un feu violent de 67 canons du calibre de 36. Cet essai eut lieu en 1781 : il fut tiré 123 coups en deux heures. Une commission composée d'un grand nombre de généraux et d'officiers, dont quelques officiers de marine, reconnurent unanimement que *la fumée n'avait pas empêché le service des pièces, et qu'elle était, disaient les marins, moins épaisse et, par conséquent, moins pénible que dans les entreponts d'un navire de guerre.*

L'an VIII de la République française, des expériences furent aussi faites pour éprouver l'effet de la fumée dans les casemates des tours bastionnées de Neuf-Brissac, construites, comme on sait, par Vauban. Voir Pl. III, fig. 24 *a.*

On avait monté 2 canons de 4 dans chacun des flancs des tours en question, et, avant de commencer l'opération, on avait nettoyé tous les soupiraux et la cheminée principale, et, de plus, on laissa ouvertes toutes les portes de communication avec les passages d'air.

On lâcha 25 coups en 15 minutes sur le côté opposé à la direction du vent, en se servant de l'amorce ordinaire et de la mèche en corde. La fumée ne causa pas d'impression désagréable parmi les artilleurs. Au bout de 15 minutes, on lâcha pendant le même espace de temps jusqu'à 35 coups, en employant des étoupins et le boute-feu. Alors il se développa une fumée épaisse et une forte odeur qui se répandirent par la galerie et enveloppèrent les canons, ce qui incommoda beaucoup les servants, mais pas assez pour qu'ils ne restassent pas à leurs postes.

A la vue de tels résultats, la commission d'examen déclara que l'artillerie des flancs en question destinée à repousser un assaut dirigé sur le corps de la place, opération qui n'est jamais longue, pouvait facilement remplir l'objet dont il s'agissait, et que la fumée n'empêchait pas de servir les pièces.

La même commission donna une approbation analogue aux petits flancs de courtine où était placé un canon de 4 (fig. 24 b); le canon était dressé dans la casemate pratiquée dans les flancs. Dans l'espace de 15 minutes il fut tiré 25 coups de canon, sans que les artilleurs éprouvassent une incommodité au visage; ils éprouvèrent bien une certaine oppression de poitrine; mais celle-ci ne provenait pas des gaz de la poudre, mais de la vapeur produite par la décomposition du boute-feu. Les mêmes artilleurs affirmaient que, s'ils étaient relevés de quart d'heure en quart d'heure, le canon pourrait être servi aussi longtemps qu'il serait nécessaire.

Ceci soit dit pour démontrer que, même avec une ventilation extrême, la fumée ne rend pas impossible l'usage de l'artillerie dans les casemates. A cette occasion, d'autres observations furent faites, qu'il convient de consigner ici.

1° L'évacuation de la fumée par les soupiraux et la cheminée principale fut active dans les premiers moments qui suivaient chaque coup de feu; mais cette activité fut de peu de durée : au bout de quelques instants, la fumée gagnait la région élevée du souterrain, ce qui fit penser à la commission qu'il conviendrait peut-être de multiplier les soupiraux, les distribuant sur la surface du sommet intérieur de la voûte.

2° Il se trouvait que, par suite de l'explosion, la fumée qui s'échappait au dehors, rentrait en de dans, et on attribua cet effet à la réaction du ressort de l'air extérieur, qui, d'abord comprimé, repoussait ensuite, pour s'équilibrer, le corps comprimant.

3° La composition du boute-feu contribuait beaucoup au développement des gaz, d'où l'on conclut qu'il convenait de le remplacer par une composition moins incommode.

4° Le lendemain des expériences, on trouva que la voûte du petit flanc de là courtine avait de la fumée partout et que les explosions avaient fait sortir de ses gonds la porte extérieure d'une poterne contiguë et détaché des morceaux : on ne remarqua pas de signes de dégradation à la voûte.

5° On observa aussi que la poussière qui était adhérente à l'estrade de la voûte et au fond de la casemate, avait sans doute produit une partie des incommodités qu'on attribuait exclusivement à la fumée ; d'où l'on inféra qu'avant de rompre le feu il convenait de faire nettoyer avec soin le plafond et les murs.

Le capitaine Maurice de Sellon (1) dit en parlant des casemates que Montalembert employait dans son tracé polygonal, que la fumée accumulée sur le front des canonnières rendait, après un petit nombre de coups, très-difficile le pointage, et que la secousse produite ébranlait les voûtes et les clefs.

Nous ne savons sur quoi se fonde l'auteur cité pour s'exprimer ainsi ; mais il est probable qu'il n'en dirait pas autant des casemates bien ventilées et construites dans de bonnes conditions, telles qu'il y en a un grand nombre en Allemagne, et telles que sont toutes celles qui sont actuellement projetées, casemates où l'on pourvoit au re-

(1) *Mémorial de l'Ingénieur militaire*, 1849.

nouvellement de l'air par le moyen de vides qui, d'une part, facilitent l'évacuation de la fumée et des gaz de poudre, et qui, d'autre part, servent à préserver l'intérieur de l'humidité et à produire de la lumière : toutes les nouvelles casemates, disons-nous, réunissent ces conditions, particulièrement celles qui doivent servir de logement aux troupes. Mais, comme l'établissement de ces vides ou ouvertures est limité par la nécessité d'empêcher l'entrée des projectiles ennemis, il en résulte qu'ils doivent, dans chaque cas particulier et eu égard à la direction de la batterie casematée par rapport aux positions probables de l'assiégeant, être aussi différents qu'abondants; bien qu'il ne soit pas toujours possible d'adopter la disposition la plus convenable, c'est-à-dire qu'il ne soit pas toujours possible de les laisser complètement ouverts par le dos seulement, avec un petit mur de point d'appui qui arrête les éclats des projectiles creux qui peuvent crever dans l'intérieur de l'ouvrage.

Le colonel Jrizar (1) dit, à propos des casemates fermées, qu'il est difficile d'en évacuer la fumée autrement que par des machines à vapeur. « A cet

(1) *Mémoire sur les feux couverts*, par le colonel, lieutenant-colonel du génie, D. José de Jrizar, 1850, Madrid.

effet, ajoute-t-il, il convient, une machine à vapeur étant placée à la gorge des bastions, de disposer, de la gorge aux flancs en général et aux flancs bas en particulier, des conducteurs et des dépôts d'air qui soient capables de résister à la pression constante de trois ou quatre atmosphères; il convient de les ménager de manière que, la sortie du vent étant favorisée par le moyen de tubes à clé, on puisse établir à volonté le courant d'air nécessaire : par ce moyen la fumée est chassée par les meurtrières, par les soupiraux et par la voûte de communication, et les casemates, non-seulement deviennent habitables et mises en état de vomir le feu le plus violent, mais elles permettent encore aux artilleurs de faire leur service d'une manière tranquille et sous une température assortie aux constantes fatigues d'un siége.........................

...... Je serais d'avis, dans le cas où il n'y aurait pas de machines à vapeur, de construire, à hauteur d'environ les deux tiers du sol de la casemate à son clausoir, un étage solide de bois et de planches de construction, bien uni au point de contact et appuyé sur des chiens ou des pierres d'attente de fer enclavés dans la voûte : il conviendrait de disposer cet espace dallé de manière qu'il pût fermer et qu'il n'eût que des écoutilles qui pussent s'ouvrir et se fermer à volonté et avec facilité, pour que la fumée pût sortir par la partie supérieure de la casemate. »

Les casemates seront promptement détruites par l'artillerie ennemie.

Il peut se présenter deux cas différents. Ou les casemates sont complètement découvertes de front, ou bien elles sont protégées par des contre-gardes ou masses de terre qui cachent une grande partie du mur masquant à la vue de l'assiégeant. Dans ce derniers cas, l'assiégeant ne peut les canonner directement de la campagne que par le moyen de trajectoires courbes.

Dans la première supposition, il est certain qu'une fois les batteries ennemies établies, les murs de front tomberont après un terme plus ou moins long, et les projectiles qui pénétreront par les canonnières, surtout les projectiles creux qui font leur explosion en dedans de la casemate, rendront impossible aux artilleurs le séjour sous ces voutes, et, par suite, le service de leurs canons; car on doit supposer que l'assiégeant est pourvu d'une abondante artillerie servie avec autant d'activité que de succès.

Dans le second cas, l'assiégeant se verra obligé

de se rendre d'abord maître des couvre-têtes ou de la contre-garde pour découvrir et canonner directement l'ouvrage qu'il a en vue : opération doublement difficile, et pour le travail qu'il est forcé d'entreprendre pour avancer jusqu'à la position de ce massif de terres, et pour celui auquel il doit se résigner pour s'y établir et y construire les contre-batteries ; car, de loin, l'assiégeant ne peut pas, comme l'affirment des auteurs français, il ne peut pas, disons-nous, en se servant de feux courbes tendus et en faisant passer ses projectiles par-dessus cet obstacle, frapper et démolir le blocage des casemates : dans le cas où il le pourrait, la valeur défensive de ces voûtes murées serait sans doute réduite à bien peu de chose.

En 1847, on fit à Bapaume différents essais dont quelques-uns avaient pour but de constater la possibilité d'ouvrir une brèche praticable dans un terre-plein casematé à voûtes perpendiculaires. A cet effet, on plaça une batterie de brèche de front à un plan retiré, mais entièrement découvert à la batterie offensive, fig. 7. Pl. II.

Les chiffres qui indiquent les données et les résultats, sont, selon Fallot, les suivants :

But.	Hauteur de l'escarpe du flanc.	$11^m 25$
	Hauteur de la rainure horizontale pour la brèche.	$4^m 20$
	Lumière ou jour des voûtes des casemates.	$3^m 55$
	Longueur des voûtes	$10^m 00$
	Épaisseur des pieds droits intermédiaires.	$1^m 80$
	Épaisseur du mur d'escarpe.	$3^m 50$
Batterie de brèche à 3 canons de 16.	Distance au but.	$71^m 00$
	Angle vertical de tir.	$4° 50$
	Angle d'incidence	$84° 00$
	Charge des canons.	$\frac{1}{2}$
Épreuves.	Nombre de coups tirés pour mettre en brèche la rainure horizontale.	75
	Id. Sur les verticales.	192
	Id. Pour faire tomber le mur.	9
	Total des coups tirés.	309
	Largeur de la brèche ouverte.	$6^m 70$
	Temps employé.	5 h. 40 m.

Au bout de 75 coups lancés, le mur s'écroula ; mais les voûtes et la partie supérieure du revêtement se maintinrent. Les débris qui s'accumulaient successivement dans l'étroit espace compris entre l'orillon et la courtine, formèrent une rampe praticable, ce qui ne serait pas arrivé, s'il y avait eu un pan de mur suivi ; car les décombres produits auraient été peu nombreux.

L'épreuve suivante fut faite sur un autre flanc dans des conditions identiques ; seulement on avait placé des planches de grande épaisseur derrière la canonnière à travers les voûtes.

On dressa une batterie de canons de 24 à la distance de . . . . 301^m

Angle vertical de tir 2   25

Angle d'incidence. 78

Sur 16 coups, 8 projectiles pénétrèrent par la canonnière immédiatement voisine de la courtine, et sur 16 coups, 3 projectiles pénétrèrent dans l'autre canonnière, c'est-à-dire la canonnière la plus rapprochée de l'orillon. Le pan de madriers fut détruit, et un grand nombre de projectiles tombèrent sur les têtes des canonnières en lançant des éclats de pierre. Après les 10 coups suivants, les débris obstruèrent la rainure horizontale ouverte au mur, et le pied droit entre les deux voûtes se trouva fortement endommagé, mais il n'y avait pas de brèche praticable.

Pour découvrir la tête des voûtes et la partie du pied droit qui tenait encore, on enleva les décombres à force de bras. — Cette opération ne devant pas se faire à la guerre, il est clair que le reste de

l'expérience ne peut avoir qu'un intérêt médiocre.
Après 228 coups lancés dans l'espace de 3 h. 30 m.
il y eut 38 mètres carrés de blocage d'abattu.

Comme exemple de casemates couvertes par des
couvres-têtes de terre, nous citerons en premier
lieu les expériences faites à Woolwich en 1823
par ordre de Wellington. Ces expériences avaient
pour but de vérifier si les escarpes détachées de
Carnot peuvent être détruites par le tir à ricochet.
Bien que le cas ne soit pas absolument identique
à celui qui nous occupe, il rentre dans le domaine
du sujet que nous traitons ; car le mur est couvert
au front et, par conséquent, abrité contre les feux
directs. (Voir la fig. 8. Pl. III.)

L'escarpe soumise aux expériences en question
avait 6^m 40 de haut, 1^m 83 d'épaisseur supérieure,
et 2^m 13 de base. Un contre-boutant de 1^m 22 ren-
forçait, à chacune de ses extrémités, le mur, dont
la longueur était de 9 m. 30. Le couvre-têtes de
terre, de même élévation que le mur, avait été
placé à son front à la distance de 18 m. 30.

A 457 mètres de la crête du couvre-chefs, on
dressa une batterie de 8 caronnades de 68 ; une autre
fut placée à 366 mètres, sur laquelle on monta
6 obusiers de fer, dont 3 de 8 pouces et 3 de

10 pouces. Chacune de ces pièces tira 100 coups en deux heures, en somme, 1,400 de caronnades à boulet massif et d'obusiers à grenade. Au bout de ce court espace de temps, on reconnut le mur qui se trouva brisé, et formait en amont une rampe de brèche de 4 m. 25 de large. Les contre-forts étaient très-endommagés.

Le lendemain, on ne fit jouer que 13 pièces qui en deux heures lancèrent 650 projectiles, chaque pièce 50 ; ces 650 coups rendirent la brèche par-faitement praticable, et les contre-forts étaient presque entièrement détruits.

Enfin, le 3ᵉ jour, on fit jouer le même nombre de pièces, et, dans l'espace de 3 heures, il fut tiré 1,100 coups qui achevèrent de réduire en décombres la partie de mur qui la veille était restée sur pied.

Postérieurement à ces expériences, en 1856, on fit à Coblentz des essais très-remarquables, dont quelques-uns eurent pour objet de vérifier la pos-sibilité d'ouvrir brèche aux réduits casematés ca-chés par des couvre-chefs en terre.

Le réduit soumis à l'épreuve était couvert par des voûtes d'arête : la voûte du milieu avait 19 m. 4 de long sur 12 mètres de large. A la tête, qu'il s'agissait de battre, étaient pratiquées deux canonnières correspondant à deux casemates. Le mur de masque avait 1 m. 51 d'épaisseur et les arcs-boutants ou pieds droits des voûtes avaient 2 m. 3.

La magistrale du couvre-têtes était à 45 pas de distance du réduit, et son élévation au-dessus du terre-plein du couvre-têtes était de 12 pieds, un pied de moins que l'élévation de celui-ci ; de cette manière le réduit restait complètement désenfilé de la batterie de brèche située à 314 m. de distance, parce que le terrain intermédiaire tombait en pente vers la campagne.

Les expériences durèrent 4 jours ; le 1er et le 2me jour, on mit en batterie deux obusiers de 24 qui, pointés à une élévation de 6 1/4, lancèrent des grenades remplies de plomb ; et comme on observait que les trajectoires étaient trop tendues, on augmenta l'angle à 6 3/4 et la charge de l'obusier jusqu'à 2 livres 4 onces.

Deux grenades des 50 premiers réussirent à entrer par les canonnières. Si les boulets en question eussent été remplis de poudre, nul doute qu'ils n'eussent crevé dans l'intérieur des casemates : à mesure que le feu continuait, la proportion des coups utiles allait augmentant, si bien qu'au bout d'un certain temps il devint impossible aux défenseurs de se maintenir sous les voûtes. Le 2e et le 3e jour, on mit en batterie de la même manière 3 obusiers du même calibre, et on varia le pointement entre 3 7/8 et 6 1/8 d'élévation. Après 200 coups, on rencontra, entre les deux canonnières, un trou ouvert dans le mur, qui alla s'agrandissant jusqu'à ce qu'après 330 coups il tombât une partie du mur en question, et une partie des voûtes de la canonnière et la casemate de gauche. Le monceau de décombres atteignait jusqu'à la pente de la canonnière, et des murs de la casemate sautèrent des éclats qui avaient jusqu'à 9 pouces de long; mais la solidité de l'ouvrage ne s'en ressentit pas sérieusement. De l'ensemble de ces expériences on déduisit qu'il n'était pas possible de battre en brèche le réduit en question par des coups indirects, mais qu'*il était possible de le mettre dans un état tel que l'artillerie de ses casemates se trouvât dans une complète impuissance de jouer.*

Pour pouvoir apprécier convenablement les résultats de ces expériences et conclure par cette donnée à ce qui arriverait dans un siége qui aurait lieu dans un cas analogue, nous ne devons pas perdre de vue la différence de condition où, dans

ce cas se trouveraient les hommes et les choses.
Disons plus clairement que, dans le cas de l'expérience ci-dessus, on connaissait d'avance les dimensions des ouvrages, la distance exacte à laquelle
on était du but et la grandeur des masses couvrantes là où il y en avait; la batterie de brèche
fonctionnait à la fin de la même manière qu'au
commencement, sans que rien s'y opposât : les artilleurs, rassurés et tranquilles, servaient leurs pièces
avec sérénité et calme, calculaient froidement les
charges et la direction des coups, et en observaient
à leur aise et convenance l'effet pour opérer en
conséquence. A Woolwich 14 pièces étaient destinées à battre nn seul tronçon de mur qui n'avait
qu'une longueur de 9 m. 30. Enfin, en appréciant
à leur juste valeur les conditions dans lesquelles
se faisaient ces épreuves, et en les comparant aux
conditions réelles où se trouve une armée en face
de l'ennemi, on ne risque rien à rabattre 30 à 40
pour cent, sur ces probabilités de succès, sur
ces résultats qui, quoiqu'ils ne soient pas entièrement défavorables aux casemates, en amoindriraient
l'importance, si on les prenait à la rigueur.

Et cependant, bien que tout fût connu aux
épreuves de Coblentz et que le nombre des dévia-

tions fût insignifiant au point que pas un seul projectile ne frappa à côté du but, il n'y eut, sur 650 à 700 projectiles qui furent lancés contre le réduit, que cinq qui pénétrèrent dans les casemates.

Les ouvrages casematés ne peuvent donc pas être ruinés avec autant de facilité qu'on veut bien le dire, surtout si les couvre-têtes sont assez élevés et rapprochés de l'ouvrage qu'ils cachent, pour que les trajectoires du projectile qui passe dessus, forment un angle très-aigu avec le mur de l'ouvrage, de manière que l'effet de la percussion devienne insignifiant.

Il est évident que l'épaisseur des couvre-têtes doit être grandement en état de résister à un projectile qui aurait une plus grande force de percussion.

C'est ici le lieu de parler d'une disposition très-curieuse qui a pour objet de fermer aux feux directs de l'ennemi les lacunes des fossés de la demi-lune ou des contre-gardes, sans empêcher le feu par lequel les casamates établies aux têtes des bastions balaient les fossés.

C'est l'ingénieur espagnol D. Sébastien Hurtado qui imagina cette disposition si peu connue et, nous oserions dire, tout-à-fait ignorée, et la présenta en 1797 dans un mémoire qui renfermait un plan sur la manière de renforcer les ouvrages

de la citadelle de Pampelune. La théorie du plä
est la suivante.

Fig. 1, Pl. V. Soit **AB** le revêtement de la tête
du bastion ; soit **CD** le saillant de la contre-escarpe
du fossé de la demi-lune ; H, la position de la batterie de brèche. Mettons un abat-jour PQ au front
de l'angle de derrière de la demi-lune, le tir le
plus bas qui puisse frapper directement la portion
AB, ce sera HO. Si de la ligne PQ nous enlevons la
partie RQ et que nous la laissions à jour, le coup
HO ira aussi frapper le mur **AB**; mais il restera de
celui-ci une portion OO' qui ne sera pas vue du
couronnement H. D'où il résulte que la canonnière
ouverte en X sera à l'abri des feux directs de la
batterie de brèche en question, et le canon qui se
montre par cette embrasure, découvrira tout le
fossé de la demi-lune et s'opposera par conséquent
au passage de l'assiégeant par ce fossé ; car son tir le
plus élevé est=x—3. L'auteur, supposant que sen-
tir le plus bas est=x—4, prolonge cette ligne jusqu'à
la rencontre de la perpendiculaire SS de 12 pieds :
du point S il tire une parallèle à la ligne QD, et il
trouve comme résultat un petit fossé, c'est-à-dire
un second fossé en dedans du premier, complète-

ment battu par la batterie casematée, dont X est une des canonnières.

A l'aide de ces indications, il sera facile de comprendre la fig. 2.

A est la section de la tête de bastion où sont figurées les canonnières qui correspondent à une casemate.

B est l'abat-jour ou épaulement du petit fossé.

C représente la position de la batterie de brèche.

c représente l'excavation destinée à recevoir les décombres que produit la partie de l'épaulement, afin que le vide O ne soit pas comblé.

D, la vue de la lacune depuis la batterie de la brèche.

E le petit fossé.

Ce que nous venons de faire pour le fossé de la demi-lune et pour les casemates de la tête de bastion, nous aurions également pu le faire pour les casemates des flancs relativement aux contre-batteries ennemies établies au saillant de la contre-escarpe du bastion collatéral, et pour le fossé de ce bastion.

Nous n'avons cité cette disposition que pour son caractère ingénieux ; car nous ne croyons pas qu'elle soit applicable dans la forme sous laquelle elle a été imaginée ; mais on pourrait peut-être établir un plus grand épaulement ou abat-jour, y donner d'autres dimensions, etc. (1).

L'emploi de nombreuses casemates est très-dispendieux.

Les casemates affaiblissent le moral du soldat.

Nous avons déjà examiné ces deux objections au chapitre V.

La fumée séjournant devant les canonnières rend par fois impossible le service de l'artillerie.

Cette observation est de M. Blesson de l'armée prussienne. Cet ingénieur reconnaît qu'avec une construction bien entendue et des cheminées de ventilation convenablement disposées, on peut empêcher que la fumée dans l'intérieur des casemates ne suffoque les artilleurs ; mais il prétend que par un temps calme et dans une atmosphère tranquille comme l'est d'ordinaire celle des fossés d'une place forte, la fumée du canon devient stationnaire devant les canonnières, au point que par fois il suffit d'un seul coup pour les remplir d'une fumée condensée et qu'il faut qu'il se passe quelques

(1) Voir l'appendice B.

minutes avant qu'on puisse distinguer un objet placé
à vingt pas de distance. Si les casemates ne reçoivent la lumière que par cette ouverture, elles restent dans l'obscurité lorsque cet incident se réalise,
ce qui rend difficile l'opération du chargement des
pièces. De plus, dit le même auteur, quand deux
canonnières sont ouvertes aux deux côtés d'un angle rentrant pour flanquer deux fossés, un feu simultané par les deux ouvertures est impossible;
car le courant d'air qui sort de l'une des deux canonnières et qui pénètre violemment dans l'autre,
est trop fort pour que les forces humaines puissent
y résister. Mais, comme ce courant, dit Zastrow, n'a
de l'action que dans le cas de deux ou plusieurs
canonnières situées de la manière que nous avons
dite, on pourrait déterminer par voie d'expérience
quel est le minimum de distance où il faut les
placer ; et, ajouterons-nous, quelle est l'ouverture
que doit avoir l'angle pour que le courant n'ait
pas lieu.

Ces observations nous paraissent sérieuses, et l'on
ne doit pas les perdre de vue lorsqu'on forme des
plans de fortifications ; car l'inconvénient signalé
est directement produit par la position très-basse
des canonnières, par la profondeur et la largeur du

fossé, et par la ventilation des casemates; de plus, le courant d'air qui s'y établit, doit mettre en mouvement la masse de fumée que nous supposons suspendue devant les canonnières.

Il est facile de pénétrer par surprise dans les casemates, et, par celle-ci, dans la place.

Nul doute qu'une négligence impardonnable de l'assiégé et une grande audace de l'assiégeant ne puissent donner lieu à cette surprise; mais une vigilance ordinaire sera toujours suffisante pour empêcher qu'un détachement de soldats ne pénétre par une ouverture par laquelle un homme peut à peine passer à la fois.

D'ailleurs, il conviendra, à moins qu'il ne soit nécessaire de rompre le feu, de fermer les canonnières, surtout celles qui sont basses et qui donnent sur le fossé, par une légère cloison, comme dit Fallot, ou par une forte grille.

Les casemates à canonnières de blocage finissent par être mises hors d'état de servir.

La raison qu'on en donne, c'est que les projectiles en frappant aux têtes des canonnières, ou rebondissent et pénètrent dans les casemates, ou font sauter des éclats de pierre qui atteignent les artilleurs, et, si les projectiles sont des boulets pleins,

ils démoliront une partie du parapet ou du revêtement des têtes en question, de manière à remplir
de décombres l'espace vide des canonnières et à les
mettre ainsi hors de service.

La croissante justesse de tir des artilleurs et le
service de plus en plus actif que font aux siéges
les compagnies de chasseurs armés de leurs terribles carabines (1), donnent une grande force à
l'observation ci-dessus, et démontrent la nécessité
que nous avons déjà reconnue de couvrir les ouvrages casematés, ou au moins leurs étages inférieurs, contre les feux directs de l'ennemi, et celle
de revêtir les surfaces des canonnières d'une matière plus élastique et, par conséquent, moins fra-
gile que la pierre ou la brique. Dans les exemples
de casemates que nous avons reproduits, Pl. III
et IV, on peut remarquer celles qui ont été proposées par Penon, Bousmard, Haxo, Herrera-Garcia,
Merkes et d'autres auteurs ; tous les auteurs recommandent l'adossement d'un massif de terres
dans lequel entre la canonnière de manière que la

____

(1) A Sébastopol on organisa des compagnies d'environ
75 hommes, qui se plaçaient, de 4 heures du matin à 5 heures du soir, sous de petits abris en avant des tranchées.

plus grande partie des têtes et la déclivité de celles-ci ou sont de terre ou sont revêtues de bois, de gabions remplis de terre. M. Mandar dit qu'on peut les revêtir de madriers consolidés par des ceintures en fer; Paixhans proposa de cuirasser de fer toute la canonnière, et le colonel Jrizar propose une construction toute particulière. « Au parapet intérieur, dit-il, on laissera pour chaque canonnière une place vide de 4 pieds; la largeur de la canonnière au parement extérieur étant le minimum qui corresponde à la grosseur du mur dans lequel les têtes sont construites, celles-ci seront disposées verticalement. On fera passer sous la ligne de la genouillère, à la distance d'un pied, la surface de l'embrasure depuis son intersection dans le parement extérieur, et l'on construira la voûte supérieure en arc. On fermera la canonnière (quand le front sera menacé d'attaque) à l'intérieur de grands lingots de plomb unis ensemble par des barreaux de fer et par des boulons; de cette manière la bouche de la canonnière peut-être réduite à son minimum. Le poids spécifique du plomb étant, pour le moins, cinq fois plus grand que celui des bons blocages de petites pierres, il en résulte que la résistance du revêtement de plomb à deux pieds d'épaisseur, appliqué à la partie intérieure de la canonnière, sera à très-peu près égale à la résistance d'un mur de dix pieds ; et, bien qu'à raison de la ductilité du métal, il soit nécessaire de faire une réduction, on pourra la considérer comme étant au moins équivalente à celle d'un mur de 7 ou de 8 pieds d'épaisseur. Tous ces lingots ou barres formant un corps par le moyen des barreaux de fer affermis par des boulons, la masse totale du revêtement de plomb présentera par sa résistance un poids égal à très-peu près 150 quintaux, poids que je regarde comme suffisant pour résister à la percussion de l'artillerie de 24 ; d'autant plus que l'intérieur est muni de forts barreaux de fer fixés dans le sol et attachés par de très-forts clous à crochet dans le massif du mur. » La vérité est que les dépenses de ces revêtements ne laissent pas d'être de quelque considération ; mais, d'un autre côté, il est aussi certain qu'elles sont compensées par les avantages qui en résultent. Un de ces avantages, c'est que la fumée produite par le tir reste en dehors de la casemate. Pasley propose des canonnières assez semblables à celle que nous venons de décrire.

En Allemagne, on eut l'idée de construire les

superficies des canonnières en échelons, dont les têtes seraient les unes parallèles, les autres perpendiculaires à l'axe d'ouverture, de manière que, à raison de la direction de ces plans, les projectiles qui y rebondiraient, n'iraient pas s'arrêter à l'intérieur de la casemate. Nous ne sachions pas que l'expérience ait confirmé l'excellence de cette invention ; mais elle nous paraît compliquée de difficultés de construction et insuffisante contre les boulets de canon qui feraient sauter les arêtes des échelons dont les éclats seraient autant de nouveaux projectiles, et l'on se trouverait ainsi retomber dans un des inconvénients qu'on cherche à éviter.

L'ingénieur espagnol Prosperi, que nous avons déjà cité dans cet écrit, imagina un expédient ingénieux pour couvrir les artilleurs en empêchant l'entrée des projectiles par la canonnière, de même que celle des éclats de pierre, fig. 3 Pl. V. Le corps A qui tourne sur deux tourillons en pivots et qui est formé de fragments de bois et de frettes de fer, est destiné à occuper la cavité A, quand la canonnière est ouverte : à l'anneau de fer qui tient à la partie supérieure, est fixée une chaîne qui, par son autre extrémité, est attachée à l'astragale du canon : celui-ci, en reculant à la suite de

l'explosion, soulève le corps qui ferme la canonnière. Quand le canon est remis en batterie, le
corps reprend sa position dans la cavité A.

Nous voyons donc que ni le raisonnement ni
l'expérience n'induisent à penser que l'usage des
blocages creux pour l'établissement de l'artillerie
des forteresses soit inutile ou même nuisible; car
si quelques-uns des défauts qu'entraîne leur application, sont réels, ils ne sont ni grands ni absolument irrémédiables.

M. Mangin dit, relativement aux casemates pour
mortiers que les Allemands répandent avec
profusion dans leurs forteresses. « Le seul avantage qu'elles offrent, c'est de procurer des abris à
l'épreuve de la bombe aux mortiers, aux pierriers
et aux hommes qui les servent. » En vérité, lors
même qu'elles ne présenteraient pas d'autre avantage, elles mériteraient d'être adoptées. Néanmoins
l'auteur cité hésite à les recevoir; car il ajoute que
cet avantage n'est pas considérable, puisqu'on ne
met ces pièces qu'aux points de fortification les moins
exposés au feu de ricochet et que, d'autre part,
leur montage est tel qu'elles sont moins dans le
cas d'être démontées; de sorte que, dit-il, l'argent
dépensé à la construction de ces casemates pour-

rait recevoir un meilleur emploi. Quant à nous, il nous paraît douteux que l'argent consacré à la construction d'une place forte puisse mieux remplir son objet qu'en procurant un bouclier pour les hommes et aux armes destinées à la défendre. Sous ces voûtes qui couvrent les mortiers et les pierriers on peut très-bien placer les obusiers de fer, enterrés par la culasse jusqu'aux tourillons et inclinés à 45°, comme on a fait aux attaques dirigées contre Sébastopol. Ces pièces sont, à cause de leur portée plus grande, jusqu'à un certain point supérieures au mortier.

En traitant des casemates destinées à recevoir de l'artillerie, nous n'entendions pas parler que des places et des forteresses de terre. Pour les forts de côte ou les fronts de place qui regardent la mer, il y a des années que l'opinion générale s'est prononcée en faveur des casemates. Ce qui s'explique par la nécessité d'accumuler sur un terrain peu étendu un grand nombre de canons pour neutraliser la formidable artillerie qu'un navire de guerre peut amener en peu de temps : de plus, le pointement des batteries flottantes était moins sûr et moins facile, les murs de front casematés sont moins exposés à être détruits, les projectiles entrent moins facilement par les canonnières, les feux rasants sont moins sûrs et les feux de ricochet moins efficaces. Dans cette espèce d'ouvrages on peut aussi laisser ouvert le fond des casemates, parce que les feux de revers ne sont pas probables; ce qui n'est pas une raison pour ne pas en fermer les gorges; autrement on s'exposerait à une attaque par surprise dans le cas de débarquement.

Les casemates destinées à la fusillade ou les meurtrières servent principalement à la défense basse des fossés : elles sont placées tantôt à l'escarpe, tantôt à la contre-escarpe de ces mêmes fossés, ou elles sont placées sur le glacis de manière à prendre à revers les abords des ouvrages. Les auteurs les plus opposés au système des casemates ont étendu aux casemates de fusillade les défauts attribués aux casemates d'artillerie; mais aucun ne les a anathématisés avec autant de violence que Noizet de Saint-Paul. Les casemates placées aux fossés, il les qualifie *d'absurdes ;* les casemates du glacis, il les traite de *ridicules ;* car, dans son opinion, l'ennemi ne tentera pas de descendre au fossé sans les attaquer par le derrière en faisant usage des globes de compression, et après les avoir démolies, il les occupera; dès lors, à couvert des feux de la place, il se servira des unes pour appuyer sa marche par le glacis, et des autres pour descendre au fossé.

Le major du génie belge Laurillard-Fallot, au contraire, dit que les galeries contribuent à la résistance d'une place, parce qu'elles facilitent beaucoup la défense par la mine et sont également avantageuses pour s'opposer à une attaque lente ou brusque; car, si l'assiégeant réussit effectivement à rompre ces constructions casematées, il ne retirera pas grand avantage des décombres qu'il amoncèle sur son passage.

Pour que l'assiégeant ne puisse pas se servir des casemates, en supposant que l'assiégé ait été forcé à les abandonner, il suffira que le mur masquant qui regarde la place, soit, sur toute son étendue, aussi mince que possible, et qu'il soit, par conséquent, facile de l'abattre par le canon de la place. Dans ce but, il convient de soutenir, entre les contre-forts, les terres de la contre-escarpe par des murs arqués qui opposent leur convexité à la poussée des terres; on peut encore fermer le revêtement en voûtes en décharge. Ce dernier mode permet même de supprimer entièrement le mur en question, ce qu'on a fait dans quelques forteresses belges.

Les galéries à meurtrières, surtout celles d'escarpe qui regardent la campagne, affaiblissent sans doute le corps de mur dans lequel elles sont construites ; entr'autres raisons, parce que le mur qui les couvre, a son épaisseur limitée par la partie de longueur du fusil qui y pénètre, en supposant le soldat dans la position de pointeur.

Les galeries de contre-escarpe ont été mieux accueillies, et elles ont été judicieusement appliquées dans les constructions allemandes modernes, et même en France, principalement aux ouvrages extérieurs et détachés, de la même manière que Coehorn les avait employées auparavant pour la défense de ses fossés, et Duvigneau et Darçon aux demi-lunes détachées.

Noizet, en rappelant que les Allemands ont fait usage de galeries de revers derrière les contre-escarpes, surtout aux ouvrages détachés, dit qu'il ne peut que donner son approbation au soin qu'ils ont pris pour se débarrasser d'un flanquement éloigné ; mais qu'on ne doit se servir de cette espèce d'ouvrage auxiliaire que dans des cas exceptionnels, et quand il n'y a pas d'autre moyen d'avoir des flanquements, comme cela a coutume d'arriver dans les pays montagneux.

Ce même auteur, pour flanquer les fossés des ouvrages détachés de peu d'étendue, préfère l'usage de petits remparts ou boulevards, sorte de grandes guérites, placées aux angles saillants avec des casemates de fusillade couvertes par la crête du chemin couvert ou le bord du glacis.

CHAPITRE VII.

Notice sur quelques places de guerre récemment construites ou modifiées, et sur différents nouveaux plans de fortification.

De l'ensemble des considérations que nous avons fait valoir aux chapitres précédents, il résulte que, sans donner absolument la préférence aux tracés allemands, dans tous les cas particuliers et pour tous les terrains sans exception, nous estimons que ces tracés, à côté de quelques inconvénients, offren de grands avantages, dont le premier et principal est l'emploi judicieux des blocages creux.

On est étonné qu'un élément défensif dont la

réapparition faillit causer une révolution dans l'art
de la fortification, et qui est peut-être appelé à
l'accomplir un jour, ait été si peu étudié. La lenteur que met l'art à progresser sous ce rapport,
est due, sans doute, à l'incertitude qui pèse encore
sur la valeur des casemates ; car, à l'heure qu'il
est, tout ce que l'on en sait, c'est qu'elles forment
un abri contre l'action puissante de l'artillerie de
notre temps.

Quelques essais ont été faits, il est vrai, pour en
déterminer la force et les avantages ; mais ils n'ont
été suffisants ni en quantité ni en qualité pour
tranquilliser les esprits justement méfiants et alar-
més par la perspective d'une telle innovation. Car
c'est une chose digne de mûre réflexion, que de
se décider à donner la préférence à un genre de
construction qui entraîne de grandes dépenses et
emporte une énorme gravité tout à la fois maté-
rielle et morale.

Ce qu'il y a de fàcheux, c'est que les gouverne-
ments les plus intéressés à la question, ceux qui
régissent des nations qui, par leur position géographique et le caractère de leurs habitants, sont essentiellement militaires, négligent de mettre aux
expériences faites en vue de la guerre les sommes

d'argent et le temps nécessaires pour amener des résultats positifs et certains.

Peut-être ces résultats si précieux et si faciles à réaliser en temps de paix ne seront-ils obtenus que dans une guerre européenne ; peut-être seront-ils identiques aux données acquises sur un champ de bataille effectif, aux journaux de siéges réels rédigés en France, en Espagne, en Allemagne ou en Angleterre ; peut-être, disons-nous, faudra-t-il que les faits brutaux viennent dessiller les yeux, pour que les passions s'apaisent, pour que le cri d'alarme de la nationalité devienne muet, pour que la sévérité et l'acrimonie de la critique soit réduite au silence, et pour qu'on sache une fois pour toutes jusqu'où vont, d'une part, les moyens d'attaque, et, d'autre part, les ressources de la défense : en d'autres termes, quelle est la valeur de la *fortification moderne*. En attendant, nous avons entrepris de traiter un sujet auquel nos forces sont loin d'être proportionnées : nous cherchons notre excuse dans le désir que nous avons d'élever à toute sa hauteur une discussion éminemment utile et salutaire, mais surtout intéressante, malgré le peu de données sur la matière, pour tout officier en général et pour l'officier du génie en particulier.

On a cherché à remédier au défaut signalé de la
fortification bastionnée, celui de présenter des terre-
pleins étendus et dénudés, non par l'usage, mais
par l'*abusage* des casemates de blocage. C'est ainsi
que nous voyons dans les premières constructions
de notre siècle exécutées en Allemagne une redon-
dance de tours et de réduits, dont quelques-uns
sont ramenés à des proportions si mesquines que
les défenseurs qui y sont placés, manquent d'espace pour se mouvoir et d'air pour respirer. Il y a
plus : la mesquinerie de construction y a pris des
proportions telles, qu'il peut arriver qu'en un jour
de combat il suffise d'une seule bombe tombant
dans ces méchants préaux, pour que l'explosion
endommage l'ouvrage et le rende entièrement inutile sous le rapport de la défense. Nous en dirons
autant de cette démangeaison de casemater et de
creneler tout, jusqu'aux façades des canonnières
(Fig. 4, Pl. V), affaiblissant ainsi les murs de front
et rendant, par de telles exagérations (l'exagération
aboutit toujours à l'erreur), rendant ainsi excusable,
disons-nous, la critique, d'ordinaire si sévère, des
ingénieurs français.

Ceux-ci prirent à partie ces immodérés ingénieurs, et, caressant l'expression favorite de *sys-*

tème, mot que nous n'avons pas même prononcé, car, en fait de fortification, il ne saurait y avoir de système, c'est-à-dire d'ensemble de règles fixes, de principes invariables, de plans uniques, pour développer les ouvrages de défense quand les formes et la qualité du terrain, le caractère et le génie des hommes qui l'habitent, est si variable, — et, s'amourachant de cette expression, refusèrent d'admettre, non pas la totalité, mais pas même la moindre portion des principes généraux que les Allemands avaient proclamés comme bons et avantageux, et ils appliquèrent à toutes les positions, sans exception, les cinq lignes du front bastionné avec ses revêtements pleins et ses terre-pleins larges et découverts.

Mais, de nos jours, une heureuse tendance semble se manifester pour amener un résultat que nous appelons de tous nos vœux ; nous voulons dire la fusion des deux Écoles.

« L'Europe, » dit Zastrow, dans son *Histoire de la fortification permanente*, « sait à quoi s'en tenir en matière de fortification, et c'est pour cela qu'elle s'est prononcée en faveur des principes de l'École allemande. Mais ce fait ne permet aucunement de conclure que le tracé bastionné soit absolument inapplicable. Loin de là ; accru des améliorations et perfectionnements apportés par Choumara et par le général Haxo, surtout de ceux dont le premier est l'auteur, le tracé bastionné réunit une foule de bonnes qualités, et, par conséquent, pourra toujours être utilement employé par les ingénieurs allemands, sous l'empire de certaines circonstances locales et dans une mesure partielle. »

« L'École française moderne, dit le général Naizet, se distingue de l'ancienne, en ce qu'elle ne dédaigne aucun système de fortification d'une manière absolue, en ce qu'elle ne s'approprie aucun système à l'exclusion de tout autre, et qu'elle admet toutes les combinaisons qui se font avec discernement.»

Aussi voyons-nous dans ce pays les ingénieurs commencer, quoique sur une petite échelle, à faire usage, dans leurs forteresses, de casemates pour le feu d'artillerie et de fusil, de camps défensifs ou d'ouvrages indépendants, sans pour cela renoncer à la forme bastionnée ; manière d'agir toute différente de celle des Allemands, qui ont cru jusqu'à ce jour, comme Montalembert, que l'introduction des feux couverts exige un changement radical dans le tracé des ouvrages.

Pour se convaincre de la vérité de notre assertion, il suffit de passer rapidement en revue les principales places fortes construites ou modifiées depuis la paix de 1815, en France, en Autriche, en Prusse et dans d'autres parties de la Confédération germanique.

Coblentz. La place de Coblentz, située dans un angle rentrant formé par deux fleuves, la Moselle et le Rhin, a la forme d'un triangle dont le sommet oriental est justement au confluent des deux rivières en question, et s'appelle Deutsch-Eck (angle allemand). Le sommet septentrional s'appuie à la Moselle, et le sommet méridional au Rhin. Le côté du triangle qui unit la Moselle au Rhin est fermé par une enceinte polygonale à saillants peu prononcés : de grands quartiers casematés occupent les rentrants sur l'un des fronts, et des caponnières casematées à la Montalembert sont ménagées sur l'autre front. Sur le front de ce côté et sur les hauteurs du Hundsrück se trouve le fort Alexandre uni à l'enceinte, et servant à défendre les approches de la place. Le tracé de ce fort est quadrangulaire; ses deux grands côtés ont 440 mètres de long, les deux petits côtés, 390 mètres; trois de ces côtés sont fermés par des fronts bastionnés à caponnières à deux ordres de feux; ces caponnières sont placées au centre et flanquent les façades des bastions ; les flancs de ces bastions flanquent à leur tour les façades de la caponnière ; à cette fin, ils ont des batteries basses casematées : les escarpes sont détachées et crenelées. Le quatrième côté, c'est-à-dire celui qui regarde la place et sert de gorge à la forteresse, renferme dans son centre le grand réduit, qui est une tour Montalembert à deux ordres de batteries. Sur la rive gauche de la Moselle sont détachés un petit fort et trois flèches qui ferment autant de chemins qui vont se réunir au pont de Coblentz ; sur la rive droite du Rhin et communiquant avec la place par un pont de bateaux, s'élève sur un rocher la citadelle d'Ehrenbreitstein, à 130 mètres au-dessus de la surface de l'eau. Le plan en est triangulaire ; le côté qui regarde vers le nord et qui est le plus abordable, est fermé par un front bastionné couvert par des contregardes entourées par un chemin couvert ; mais la contre-garde de la droite a devant elle un ouvrage casematé pour 10 canons, et une tour Montalembert à trois étages.

Cologne. Cette place prussienne est située sur la rive gauche du Rhin en face de Deutz ; elle a une tête de pont avec laquelle on communique par un pont de bateaux. Elle est entourée d'une antique enceinte formée d'un mur garni de tours ; ce mur est précédé d'un fossé. Devant cette enceinte, il y en a une autre moderne enlacée dans la première par des murs transversaux, de sorte que l'espace qui reste entre les deux se trouve divisé en plusieurs tronçons qui se défendent par des caponnières et des édifices casematés. L'enceinte moderne se compose de 14 fronts bastionnés dont le tracé n'offre pas une ressemblance marquée, parce qu'on a adapté le tracé aux accidents de terrain : les uns ont les escarpes revêtues, les autres les ont détachées ; des courtines, les unes sont plus longues que celles de Cormontaigne, les autres le sont moins, etc.

On trouve aussi dans cette place des forts détachés semblables à ceux de Montalembert. La forme de ces forts est celle de grandes lunettes avec des traverses pour éviter les ricochets, de réduits intérieurs ou de tours casematées à la gorge, et de caponnières basses pour flanquer les fossés.

Comorn. Cette place est située au confluent du Danube et du Waag.

A l'angle aigu formé par les deux rivières est située cette antique place, restreinte et munie de peu de défenses; elle a deux têtes de pont qui servent à communiquer avec la rive opposée de chacune des deux rivières. A 3,000 vares environ du chemin couvert du front qui unit les deux cours d'eau, s'étend la ligne dite *palatine*, qui, appuyée au Danube, touche au Waag et court parallèlement sur la rive gauche de celui-ci jusqu'au point où elle rencontre l'antique forteresse. Cette ligne *palatine* est formée de fronts bastionnés avec un camp défensif et une tour casematée à la gorge de chaque bastion. Sur la rive droite du Danube est construite une ligne d'ouvrages défensifs qui, embrassant un grand terrain, font de cette importante position militaire un grand camp retranché pour 60,000 hommes et plus. Cette ligne d'ouvrages défensifs se compose de plusieurs tours et quartiers de blocage casematés, entourés de masses protectrices et unies par des courtines en terre, dites *lignes de connexion*, suffisantes pour résister aux attaques dirigées par le terrain bas et bourbeux qui se développe à son front. A l'extrémité de cette ligne qui s'appuie au Danube, au point le plus éloigné du confluent, est élevé l'ouvrage principal sur une montagne dite *Sandberg* (Mont de sable). Le plan en est quadrangulaire, et les fronts en sont bastionnés à flancs réduits, et de grandes caponnières casematées occupent le centre des côtés.

Germersheim. Petite ville de la Bavière rhénane, Germersheim est une place fédérale établie sur la rive gauche du Rhin, au confluent de ce fleuve avec la rivière du Queich; elle est située sur une éminence qui s'élève de 373 pieds au-dessus du niveau de la mer. Son enceinte est formée d'une série de fronts tracés d'après la méthode polygonale avec des revêtements en décharge. Les caponnières flanquantes sont couvertes par des demi-lunes : les vides que celles-ci laissent aux fossés, sont fermés par des traverses qui s'unissent aux réduits casematés établis aux angles rentrants : les contre-escarpes sont revêtues. De grands quartiers défensifs servent de retranchements intérieurs à la partie élevée de l'enceinte. Tout le long de la partie basse de l'enceinte s'étend un mur crenelé couvert par une ligne tenaillée en terre.

En dehors de l'enceinte, il y a un cordon de forts extérieurs.

Linz. Cette ville est située sur la rive droite du Danube, à 100 kilomètres à l'ouest de Vienne, et à 60 à l'est de Passau. Le terrain sur lequel elle est assise, est très-accidenté et suit en général une pente sensible dans la direction du cours du fleuve. Les fortifications se résument en 32 tours isolées à la distance de 500 mètres l'un de l'autre, et rangées en cercle autour de la ville. La plus distante a une élévation de 3,200 mètres au-dessus du centre de population ; la plus rapprochée, une élévation de 1,200 mètres. Nous avons dit que ces tours sont isolées ; en effet, elles ne sont unies entre elles par aucune courtine. On dit que le gouvernement a l'intention de les unir, en cas de guerre, par un fossé avec chemin couvert palissadé et par des ouvrages de défense accessoires. Ces tours, appelées *Maximiliennes*, du nom de leur inventeur, l'archiduc Maximilien d'Autriche, sont circulaires. Elles ont un diamètre de 36 mètres à la base, et de 31^{m}50 à la partie supérieure. Leur élévation est de 10 mètres. Elles ont 3 étages : l'inférieur, en partie souterrain, comprend les magasins et le dépôt d'approvisionnements ; le moyen sert de logement aux 150 hommes de garnison ; le supérieur, pourvu de canonnières, sert à la défense proprement dite et renferme deux obusiers qui se placent indistinctement dans les canonnières. Au-dessus de la voûte qui couvre cet étage, est une plate-forme avec une batterie de 11 canons de 24, couverte par un épaulement qui, de même que le fossé qui entoure l'ouvrage, est excentrique par rapport à celui-ci, c'est-à-dire large du côté de la campagne, étroit du côté de la ville.

Linz, à proprement parler, est plus qu'une place de guerre ; c'est un grand camp retranché.

Mayence. Cette place est située sur la rive gauche du Rhin ; elle communique par un pont de bateaux avec la ville de Cassel, qui se trouve sur la rive droite. Les fronts de la grande tête du pont, ceux des portions méridionale, occidentale et septentrionale de l'enceinte de la place, et ceux de la citadelle sont bastionnés : ces derniers ont des fossés remplis d'eau, des couvre-faces (couvre-têtes), un double chemin couvert et des ouvrages détachés ; au sud-ouest, il y a trois fronts tenaillés.

Sur la rive droite de la rivière qui forme l'enceinte, se détachent de grands quartiers et des batteries casematées. Une ligne d'ouvrages principaux et qu'on peut appeler indépendants, unis par des courtines anguleuses avec fossé et chemin couvert, forment une seconde enceinte, et finalement, plusieurs forts détachés forment la troisième ligne défensive et transforment les abords ou environs de la ville en un vaste camp retranché capable de pro-

léger une grande armée. Ces ouvrages, forts polygonaux ou lunettes ont des réduits casematés de
formes diverses : les uns circulaires, les autres en
fer de cheval, d'autres en forme de croix, etc. La
gorge de quelques-uns de ces ouvrages est fermée
par un redan circulaire; celle de plusieurs autres
l'est par de simples campements défensifs. Cette
ligne de forts présente une grande force d'ensemble,
et les positions qu'ils occupent ont été parfaitement
choisies. La tête de pont de Cassel se compose de
quatre fronts bastionnés, et un quartier casematé
en ferme la gorge.

Rastatt. Cette place, qui est dans le grand-duché
de Bade et appartient à la Confédération germanique, est à 30 kilomètres de Strasbourg et à 8 kilomètres du Rhin, dans lequel se jette la Murg, qui
traverse la place.

Le terrain des environs immédiats est peu accidenté, surtout du côté du sud; il s'élève un peu
dans la direction nord-est. Les fortifications de
cette place se composent de trois grands forts et de
trois portions d'enceinte ou lignes de connexion
qui les relient : il en résulte une ligne de défense
continue, soit une enceinte de grand développe-

ment. Il y a de plus, aux approches, plusieurs ouvrages détachés de moindres dimensions.

Les trois forts sont, pour ainsi dire, indépendants ou construits de manière à suffire à leur propre défense et à faire, chacun séparément, une vigoureuse résistance. Le plus grand, dit fort Léopold, et le plus petit que nous appellerons A, sont situés sur la rive gauche de la Murg, et le troisième, que nous nommerons B, est situé sur la rive droite.

Le fort Léopold a quatre fronts : les deux fronts du centre ont aux saillants des bastions à petits flancs casematés à deux étages ; et les courtines, munies de blindages, sont brisées vers l'extérieur et forment ainsi des angles très-obtus devant les sommets desquels sont établies de grandes caponnières casematées. Le troisième front, ou celui de gauche, a de plus un couvre-face ou couvre-tête sur la caponnière, et le quatrième est une tenaille d'angle très-obtus ; la contre-escarpe du fossé a un revêtement. Ce fort est enveloppé par un chemin couvert à petites tours casematées aux places d'armes rentrantes, et sa gorge est fermée par un mur crenelé auquel s'appuie un grand quartier défensif de forme à peu près demi-circulaire à quatre ordres de feux. Ce camp sert de réduit au fort. L'étage inférieur

est destiné au feu de fusil ; les deux intermédiaires
sont réservés au feu d'artillerie des casemates, et
l'étage supérieur sur la plate-forme est destiné au
tir à barbette. Le fort est entouré d'un fossé et
d'un glacis en contre-pente.

Le fort B, bien que très-petit, est semblable au
premier.

Le fort A, situé sur un terrain bas et facile à
inonder, a une organisation toute particulière. Il
se compose de deux enceintes, dont la première est
formée de deux grands bastions unis par une courtine anguleuse, au sommet de laquelle, sommet
tourné vers la campague, est établi un cavalier ou
traverse casematée qui flanque les ailes ou façades
de la même courtine Ces façades sont tracées de
manière à flanquer à leur tour les fossés des flancs
de bastions. Sur ces flancs qui sont en retirade, il
y a deux ordres de feux couverts. La seconde enceinte affecte la forme d'une grande lunette revêtue d'un angle très-obtus avec des ouvrages casematés aux angles de revers pour flanquer les façades
et les flancs ; ces ouvrages servent de réduits aux
bastions de la première enceinte. Dans cette seconde enceinte, le parapet est disposé d'une manière indépendante de l'escarpe. Enfin, à la gorge

de la même enceinte, il y a deux grands réduits casematés, et de plus elle est fermée du côté de la rivière par un mur crenelé. Deux fossés remplis d'eau, ayant chacun un glacis, entourent le fort, et au pied du glacis très-étendu sont placées deux lunettes avec leurs réduits de blocage.

Nous avons dit qu'il y a trois portions d'enceinte ou lignes de connexion :

1° La ligne appelée *enceinte supérieure* ou qui unit le fort Léopold au fort A, se compose de deux courtines anguleuses réunies par un bastion à orillons et doubles flancs ; ce bastion est occupé au centre par un grand réduit casematé qui, par le moyen de deux murs crenelés, forme corps avec un quartier également casematé, dont les flancs sont terminés des deux côtés par un mur de gorge qui enveloppe la rue militaire du corps de la place et sert de retranchement contre l'intérieur. Aux saillants des courtines et du bastion, il y a de petites traverses casematées, et, derrière les portions extrêmes des courtines, il se trouve des quartiers défensifs qui forment enceinte avec le mur de gorge.

2° La ligne appelée *enceinte moyenne* est formée de deux courtines anguleuses, d'un bastion qui les unit, et de deux demi-bastions qui les terminent :

ces deux demi-bastions font en même temps, et mieux encore, partie des forts Léopold et B. La disposition de ces ouvrages est très-semblable, pour ne pas dire identique, à celle de la ligne ou enceinte supérieure.

3⁰ La ligne dite *enceinte inférieure* se compose aussi d'une courtine anguleuse et de deux demi-bastions avec orillons, de sorte qu'elle forme une sorte de ravelin. A l'angle rentrant de la contre-escarpe, il y a une lunette avec son réduit casematé de blocage. Sur cette enceinte, de même que sur les autres, il est établi un mur de gorge pour la défense contre l'intérieur.

En général, les trois forts et les trois lignes de connexion de Rastatt sont organisés de telle sorte qu'ils peuvent se défendre d'une manière indépendante, alors même que l'ennemi arrive à pénétrer dans la place.

Posen. Cette place prussienne est située dans un détour très-prononcé que fait la rivière de la Warta. La population s'étend des deux côtés de la rivière; mais la rive gauche est bien plus peuplée. C'est de ce côté que se trouvent l'enceinte et la citadelle. L'enceinte est formée de cinq fronts polygonaux; les côtés de polygone sont brisés par les deux côtés de la caponnière centrale ou grand quartier défensif ; ces brisures sont disposées perpendiculairement aux façades du ravelin qui couvre cette caponnière ; il en résulte sur les angles du polygone des cavaliers en forme de bastions : la courtine, ou distance entre les deux brisures, forme un angle très-obtus vers la campagne. En sus des deux ordres de casemates du grand quartier capable de loger mille hommes, il y a des batteries couvertes aux brisures ou flancs et aux réduits des places d'armes rentrantes et saillantes.

Au nord de la ville et sur une éminence comprise entre la rive gauche de la rivière et celle du ruisseau de la Potinka, se trouve la citadelle ou fort Viniari à fronts polygonaux, dont nous avons exposé le caractère particulier au chapitre IV.

La gorge de la citadelle est fermée par deux grandes ailes disposées en dents de scie armées de réduits de blocage. Au point où se réunissent les deux ailes, se trouvent le grand quartier défensif à trois ordres de casemates et le fossé qui en dépend, flanqué de caponnières de trois et quatre étages.

A la rive droite de la Warta, et séparées par le ruisseau de Cybina s'élèvent deux collines, celle des *Réformés* et celle de *St Roch*. Sur chacune de ces hauteurs se trouve un ouvrage indépendant ou grande lunette avec son réduit casematé de blocage. Deux petits fronts bastionnés unissent ces deux ouvrages, et une autre ligne d'un tracé irrégulier relie chacun de ces ouvrages à la rive du cours d'eau. La citadelle communique avec les deux ponts de la Warta et de la Potinka, aux extrémités desquels ponts il y a des batteries casematées.

Venise. Parmi les différents forts répandus sur les rives de la lagune principale de cette antique cité de l'Adriatique, ou plutôt parmi ceux qui commandent le canal de Malamocco, passage important pour entrer dans la ville, et ceux qui sont établis à l'extrémité du pont qui unit l'Archipel au continent, celui de *San-Nicolas de Lido* est surtout remarquable. Il se compose d'une enceinte en terre, de forme irrégulière, de 1,600 mètres de développement. Cette enceinte est formée de deux fronts bastionnés au sud et d'une grande ligne de crémaillères qui s'étend le long de la côte. Il a un réduit intérieur de blocage, à deux étages casematés, et affecte la forme d'un carré armé de demi-tours saillantes au milieu des côtés. Au centre des courtines des fronts de l'enceinte, avancent sur le fossé des coffres ou caponnières pour les balayer par le feu d'artillerie et infanterie; les murs de revêtement des façades des bastions se prolongent jusqu'au point où ils rencontrent la caponnière et sont crenelés depuis leur rencontre avec celle-ci jusqu'à l'angle de revers de ceux-ci.

Vérone. Place autrichienne dans la Lombardie, à cheval sur une des nombreuses sinuosités que fait la rivière de l'Adige dans son cours tortueux. Les fortifications de cette place consistent en deux portions d'enceinte de chaque côté de la rivière, et en un grand nombre de forts détachés, les uns achevés, les autres en voie de construction. A la rive droite de l'Adige, le terrain est plat. L'enceinte se compose de fronts bastionnés de grandes dimensions, — le côté extérieur a de 450 à 500 mètres ; — le profil des courtines est celui qui est ordinairement employé aux ouvrages antiques à escarpe revêtue; le profil des bastions diffère du précédent, parce que leur escarpe est détachée à la manière des escarpes de Carnot, et qu'elle forme orillon aux angles de revers. Il y a des bastionnets ou caponnières à casemates pour la fusillade aux saillants du polygone ou angles flanqués. La contre-escarpe est sans revêtement et, devant le centre des courtines, elle se trouve faire l'office d'un glacis en douce contre-pente. Il n'y a pas d'ouvrages extérieurs, ni tenaille, ni chemin couvert.

L'ancienne enceinte, ou celle de la rive gauche du fleuve, est formée de grandes courtines flanquées par des tours de petite dimension. Les extrémités de cette ligne ne correspondent pas avec celles de l'enceinte de la rive droite; mais il y a deux portions de celle-ci, l'une inférieure, l'autre supérieure, qui embrassent, pour ainsi dire, l'enceinte totale : l'inférieure est protégée par le fort Scholl, grand quartier défensif enveloppé d'une lunette en terre avec son fossé et son glacis ; la supérieure se défend elle-même, parce que la rivière forme à cette hauteur un rentrant assez prononcé.

La construction des ouvrages détachés et indépendants porte le caractère des règles prescrites par l'École allemande, c'est-à-dire qu'on y a établi au centre des réduits de blocage à deux étages casematés et plus, des plates-formes pour l'artillerie mises à découvert et enveloppées de terre; on en a subordonné le tracé à la configuration du terrain et à la zone tactique de la place.

Ulm. Cette place fédérale est assise à cheval sur

le Danube, au point où ce fleuve sert de limite
entre le royaume de Bavière et celui de Wurtem-
berg. Le terrain de la rive gauche, qui est wurtem-
bourgeois, est accidenté ; celui de la rive droite est
un plan uni. Sur le petit plateau du Michelsberg,
au nord de la ville, s'élève la citadelle d'un plan
pentagone avec une contre-escarpe revêtue et avec
des casemates aux saillants. L'intérieur de l'ouvrage est divisé en trois parties par des murs crenelés, qui au milieu ont un donjon servant de quartier défensif à chacune des trois parties. Ce quartier
est pourvu de quatre ordres de feux.

De la citadelle partent les deux enceintes, celle
de la rive gauche et celle de la rive droite du Danube, qui par l'autre extrémité se terminent au
même fleuve.

L'enceinte de la rive gauche est composée d'une
série d'ouvrages indépendants fermés à la gorge,
qui occupent les points culminants du terrain, et
qui sont liés par des lignes de connexion ou courtines. Les ouvrages en question ont la forme de
grands bastions à deux ordres de feux de fusil à l'escarpe. L'un de ces étages est couvert ou situé dans
la galerie basse, l'autre est pratiqué dans le chemin de ronde ; au niveau de ce chemin est placée

une batterie de mortiers couverte au front par un
mur auquel s'adosse un massif de terres. La gorge
de ces bastions est fermée par un mur crenelé dans
la direction de la place : à ce mur s'appuie un
quartier défensif à quatre ordres de feux avec des
fossés et des caponnières qui le flanquent. Les
lignes ou courtines s'étendent d'un angle de revers
à l'autre ; mais elles sont séparées des bastions par
un fossé, de manière que les flancs de ces ouvrages
ne peuvent battre le flanc de l'escarpe des courtines,
mais elles ont prise sur leur terre-plein ; les fossés
sont flanqués par une caponnière dont les bastions
sont munis. Dans les places d'armes du chemin
couvert se trouvent des réduits casematés.

L'enceinte de la place sur la rive droite du fleuve,
c'est-à-dire la partie qui appartient à la Bavière, est
une grande tête de pont formée de quatre fronts
dont le tracé diffère peu de celui des fronts du fort
Léopold de Rastatt.

Pour convertir la place d'Ulm en un grand camp
retranché, on a établi une chaîne de forts détachés
qui protégent l'enceinte continue de la rive gauche :
six de ces forts entourent la grande tête de pont ;
les uns ont la forme de lunettes, les autres, celle
de rentrants, pourvus de traverses casematées au

saillant ; les escarpes sont détachées à demi, et le glacis est en contre-pente.

Grenoble. Cette place française est située dans une plaine, sur la rive gauche de l'Isère. L'enceinte s'appuie sur deux points de la rive, et la citadelle ou bastille domine à l'ouest le terrain situé entre l'Isère et le Drack. Au nord, au sud et à l'est naissent les routes de Lyon, de Gap et de Chambéry. Cette enceinte se compose de plusieurs fronts bastionnés avec des escarpes construites en voûtes en décharge et munies d'un seul étage de feux de fusil : un fossé sec, un couvre-face uni à la tenaille, un autre fossé qui peut se remplir d'eau, une contre-escarpe revêtue, une demi-lune à flancs retirés et un chemin couvert. Nulle part des réduits de blocage. La citadelle, construite sur un terrain accidenté, offre la particularité de l'application des casemates Haxo, surtout à la partie culminante : 17 pièces de gros calibre sont placées au grand couronnement de l'enceinte élevée ; ailleurs pas de bouches à feu. De plus, à la partie appelée enceinte Rabot, se trouvent des bâtiments militaires formant des logements, des magasins, etc., construits en solide blocage et voûtés à épreuve de la bombe.

Lyon. Cette ville est située au sud-est de la

France, au confluent de la Saône et du Rhône. On peut diviser ses fortifications en trois parties : celle de la rive gauche du Rhône dans une plaine étendue ; celle de la presqu'île ou de l'espace compris entre les deux rivières, dans un terrain légèrement accidenté ; celle de la rive droite de la Saône dans un terrain montagneux. C'est là que les ingénieurs de tous pays peuvent étudier à leur aise le véritable caractère de la fortification française moderne, et voir jusqu'à quel point les ingénieurs français admettent ou rejettent les règles et principes de l'École allemande.

Première partie ou rive gauche du Rhône. C'est le fleuve qui sert d'enceinte à la ville de ce côté. Là sont construits neuf forts situés de manière à se soutenir mutuellement, et ils sont unis par des courtines de terre avec banquette pour l'infanterie, escarpe de blocage et de larges fossés. Les courtines se développent tantôt en ligne droite, tantôt en forme de tenaille ou de rentrant : de cette manière, les forts et les courtines forment une ligne étendue qui, aux deux extrémités, s'appuie à la même rive du fleuve, dont les eaux viennent remplir les fossés dès que les défenseurs le jugent à propos.

Dans les forts, c'est le tracé bastionné qui prédomine ; mais quelquefois dans les enceintes, comme dans celle de Colombier, de Villeurbane, de Broteaux et de Tête-d'Or, d'autres fois dans les réduits intérieurs, comme dans les trois derniers forts cités, dans ceux de la Motte et de la Part-Dieu, on remarque des fronts tenaillés avec des casemates pour l'artillerie au rentrant, où l'on trouve ce point occupé par des caponnières casematées aux flancs, semblables à celles qui sont en usage en Allemagne.

Dans tous ces forts, les flancs des bastions sont également casematés. Au fort de la Vitriolerie et ailleurs, un quartier défensif à trois ou quatre ordres de feux de fusil sert de retranchement intérieur, ou à l'enceinte de l'ouvrage ou au réduit, s'il y en a un.

La plupart des casemates sont ouvertes à la gorge. Quant au profil, on trouve dans ces forts des revêtements en décharge massifs ou à voûtes vides et crenelées, des escarpes détachées avec chemin de ronde et feux de revers ; dans quelques-uns, il y a des contre-escarpes crenelées.

Plusieurs bastions offensifs vers l'intérieur prouvent que dans la construction de ces forts on s'est préoccupé de l'idée de prévenir un coup de main tenté par la population soulevée.

Deuxième partie, ou île entre le Rhône et la Saône. Ici la fortification consiste dans l'ancienne enceinte continue et dans des forts détachés. La première est composée d'un mur élevé, crenelé et flanqué de huit petits bastions, à 300 mètres, en moyenne, de distance les uns des autres, et de quelques demi-lunes modernes. Tous les bastions ont les flancs retirés; quelques-uns de ces flancs ont des casemates pour l'artillerie, casemates par lesquelles on a cherché à une époque moderne à en augmenter la force. Dans d'autres, on a cherché à parvenir au même résultat en prolongeant les flancs et en construisant des quartiers aux gorges avec des espaces à l'épreuve. Un de ces bastions, dit bastion d'Orléans, a ses façades formées par des murs qui couvrent jusqu'à trois ordres de voûtes pour artillerie et fusillade. A l'angle flanqué on a retiré jusqu'à l'intérieur le parapet de blocage pour obtenir des feux en capitale.

Les forts détachés sont ceux de Montessuy et de Caluire. Leur forme est quadrangulaire et leurs fronts sont bastionnés avec des escarpes crenelées et dépendantes à partir d'une certaine hauteur, avec fossé et chemin couvert. Les portes d'entrée sont couvertes par une place d'armes avec un réduit de blocage. Un quartier défensif à trois ordres de feux, outre celui de la plate-forme entouré d'un massif de terres, occupent à peu près le centre de ces forts.

Au pied du glacis du fort septentrional de Montessuy, il y a une petite lunette irrégulière de blocage avec une casemate pour canon à chaque flanc : la gorge en est fermée par un mur crénelé. A 150 mètres environ au-dessus de la capitale de ce mur, il y a une autre lunette avec des feux de revers pour la fusillade aux contre-escarpes.

Troisième partie. A l'ouest de la ville, c'est-à-dire à la rive droite de la Saône, sur un terrain montagneux, il y a une enceinte continue qui, à son extrémité occidentale, se termine au fort Loyasse dans un terrain très-accidenté, et, à l'est, à la rive du fleuve. Au nord du fort Loyasse sur une hauteur qui domine le quartier de Vaise, se trouve le fort de ce nom. Au sud-ouest de la ville et sur une éminence est bâti le fort détaché de Sainte-Irène, et, en suivant la même direction et à 1,200 mètres de ce fort, se trouve celui de Sainte-Foi. Ce sont là les principaux ouvrages qui couvrent l'enceinte dite de Fourvières.

L'enceinte de Fourvières est de construction moderne ; car ce n'est que pour les courtines qu'on a profité de tronçons de mur de l'ancienne enceinte. Elle est formée de six bastions unis par des courtines tracées tantôt, en lignes droites, tantôt en lignes anguleuses. Ces formes supposent qu'on a fait une étude sérieuse et judicieuse du terrain que nous avons dit être accidenté, pour y plier les lignes de fortification. Le quatrième de ces bastions, le deuxième, et le premier demi-bastion à partir de la partie la plus basse du fleuve, sont, à proprement parler, de grandes batteries casematées ; car par tout leur périmètre courent deux ordres de voûtes normales au mur de front. Les voûtes supérieures sont casematées pour l'artillerie ; aux autres bastions, les revêtements sont en général en décharge.

Le fort Vaise est d'un tracé irrégulier, à cause de la nécessité qu'il y avait de suivre les sinuosités du terrain sur lequel il est construit : du côté de l'ouest, il présente un mur droit défendu par une galerie basse ouverte à la contre-escarpe.

Le fort Loyasse a trois fronts bastionnés d'un

tracé irrégulier. Ces fronts ont plusieurs casemates pour l'artillerie aux flancs et aux façades.

Le fort Sainte-Irène a la forme d'une lunette avec une escarpe à moitié détachée ; la gorge en est bastionnée : à la courtine se trouve le quartier dé-fensif avec ses étages à l'épreuve ; aux angles de revers de la lunette il y a deux ouvrages flanquants que les Allemands appelleraient caponnières basses et qui sont pourvues de casemates pour balayer le fossé des flancs et des faces par le feu d'artillerie et de fusil. Ces ouvrages restreints se composent de deux petits côtés perpendiculaires relativement au flanc et à la façade qu'ils flanquent et sont unis par un mur droit avec des créneaux, et en arrière de la contre-escarpe de cette lunette s'étend une galerie crénelée.

Le fort Sainte-Foi affecte la forme d'un quadri-latère dont les côtés septentrional et méridional sont bastionnés avec des casemates pour l'artillerie aux flancs ; des deux autres côtés, celui de l'ouest a la forme d'une tenaille d'un angle très-obtus : son rentrant est occupé par une caponnière à deux or-dres de feux casematés, l'inférieur pour la fusil-lade, le supérieur pour la fusillade aux fossés et pour l'artillerie aux flancs. Cette disposition ressemble à celle des fronts polygonaux.

Paris. Les grandes fortifications de la populeuse capitale de la France, située dans la spacieuse vallée de la Seine, se composent d'une grande enceinte qui enveloppe la ville et d'un cordon de forts détachés.

L'enceinte de plus de huit lieues françaises de périmètre est formée de quatre-vingt-quatorze fronts tracés sur les cinq côtés inégaux d'un pentagone irrégulier. Tous ces fronts sont conformes au tracé de Cormontaigne, munis d'escarpes revêtues, mais sans chemin couvert, sans feux casematés ni ouvrages ou défenses d'autre sorte.

Les contre-escarpes, sans revêtements, sont couronnées d'un glacis. Le profil varie dans les différents fronts; ainsi le voulaient les ondulations du terrain, et là où, à raison des dimensions de celles-ci, il n'a pas été possible de désenfiler autrement les terre-pleins de l'enceinte, on a élevé des traverses à la capitale ou jusqu'aux angles de revers; mais, la plus grande partie de ces fronts étant sur une même ligne droite, il en résulte que presque toutes leurs lignes sont à l'abri du coup de ricochet.

Les seize forts détachés à 2,000 mètres, en moyenne, de l'enceinte, forment la seconde ceinture défensive et protègent d'autres forts plus petits qui couvrent des lignes importantes, tels que les canaux de Saint-Denis et de l'Ourcq, ou occupent des positions avantageuses, telles que celles de Rosny et de Fontenay.

Les seize forts en question qui protègent une ligne de onze lieues, ont été tracés conformément aux principes de la fortification bastionnée. Tous ces forts sont des réduits de quatre à cinq côtés, et l'on y remarque les fronts de Vauban et de Cormontaigne, avec de larges terre-pleins, des escarpes revêtues à 35 pieds d'élévation au-dessus du fond du fossé, une contre-escarpe de blocage et un glacis. Ils n'ont pas d'ouvrages extérieurs : seulement on a élevé, pour protéger les sorties, des rentrants, des demi-lunes ou des couronnements sur les fronts attaquables de quelques-uns de ces forts; on y a même élevé des réduits de blocage, mais sans emplacement à couvert pour l'artillerie : ils sont formés de murs avec créneaux à deux étages.

Dans ces constructions on a tenu peu de compte des casemates défensives et des galeries crenelées. Cependant on trouve les premières appliquées aux flancs des fronts attaquables des forts de la Briche et de Rosny, et les secondes, au premier de ces forts, à celui de l'Est et à celui qui est appelé Mont-Valérien.

Les casemates qui se trouvent à deux ou plusieurs courtines dans tous les forts, sont sans objet offensif, c'est-à-dire des casemates de refuge.

Dans l'intérieur de ces forts il y a des quartiers-casernes, dont quelques-uns, comme ceux du fort Charenton, sont à l'épreuve de la bombe.

Les bastions, en général, sont si petits, surtout ceux des forts quadrangulaires, que toute idée de retranchement en paraît exclue.

La revue que nous venons de faire, quelque raccourcie qu'elle soit, nous montre, dans les nouvelles constructions allemandes, des fronts bastionnés, des feux dominants, des ouvrages qui couvrent le corps de la place, des casemates Haxo, etc., et, dans les places françaises, elle nous fait voir des escarpes détachées, des casemates de blocage, des caponnières basses aux fossés et des fronts tenaillés ou polygonaux. Il est vrai que des deux côtés cet emploi n'a lieu qu'avec une certaine réserve et une sorte de défiance.

Nous avons déjà dit dans notre introduction que

dans d'autres pays de l'Europe, et même en Amérique, on a admis et appliqué les principes établis ou ressuscités par Montalembert ; mais là aussi il se trouve que ces principes ne sont pas suivis d'une manière plus absolue que le sont les principes français : les uns et les autres sont indifféremment appliqués suivant les cas et les circonstances locales.

Le corps des ingénieurs russes, dit Émile Maurice dans son *Essai sur la fortification moderne*, ne se distingue par aucune spécialité de celui des ingénieurs prussiens ni des allemands en général. On pourrait dire avec vérité, d'après l'opinion de M. Transky, officier polonais qui a écrit un ouvrage intitulé : *Système militaire de la Russie*, que les ingénieurs de ce pays considèrent comme défectueux les tracés de Vauban et de Cormontaigne, et qu'ils préfèrent le système allemand aux préceptes de ces deux maîtres de l'art. Cependant, le colonel du génie russe Teliakoffsky dit avec raison dans son excellent *Manuel de fortification permanente*, que le système bastionné doit être considéré comme tracé normal. Toutefois, il comprend au nombre des éléments de la fortification moderne les casemates, les tours défensives et les bâtiments à l'épreuve de la bombe.

Dans les fortifications de Cronstadt nous trouvons d'abondantes casemates de blocage ; mais nous y trouvons aussi la citadelle de Kronscholfs et le fort Risbank construits d'après le plan bastionné.

A Modlin, place importante qui porte aujourd'hui le nom de Novo-Georgiewsk, on voit un grand quartier-caserne défensif dont le périmètre n'a pas moins de 2,160 mètres, qui peut loger 30,000 hommes et qui, sur certains points, a deux étages, sur d'autres, trois étages de casemates pour artillerie ; mais ce quartier-réduit est entouré de deux enceintes dont les fronts sont, les uns bastionnés, les autres tenaillés, mais tous deux pourvus de casemates.

Les Russes ont construit des tours semblables à celles de Montalembert dans les places de Kief, d'Aland et d'Alexandropol où elles forment des lignes de défense.

En Hollande, on voit, depuis l'époque du célèbre Coëhorn qui n'était partisan exclusif d'aucun genre de tracé, des constructions de forme bastionnée qui, comme nous avons dit, s'appliquent facilement à un terrain bas du genre de celui de son pays ; mais on y trouve adoptées les casemates pour artillerie, les murs isolés, et même les ouvrages indépendants, tels que ceux qui forment les fortifications de Groningue qui sont l'œuvre de ce fameux architecte militaire.

De notre temps, les ingénieurs hollandais qui se sont le plus distingués, c'est le capitaine W. F. Camp et le colonel J. G. Merkes. Ce dernier est partisan du tracé bastionné; mais il apprécie en même temps les principes de l'École allemande qu'il se propose d'appliquer pour corriger les défauts du tracé bastionné.

En Belgique, il se réalise une véritable transformation dans l'art de fortifier les places. Cette transformation ne consiste pas dans l'abandon du tracé bastionné, base de toutes les forteresses de ce pays, mais dans les heureuses modifications que les ingénieurs ont introduites dans les nouveaux ouvrages qu'ils dirigent. C'est ainsi que, dit le commandant Albear, ils se sont appliqués avec soin à construire le tracé bastionné sur de grands côtés de polygone pour obtenir des bastions dégagés et pouvant renfermer des réduits intérieurs ; ils n'ont pas perdu de vue l'efficacité de la défense souterraine, pas plus que la nécessité de bons abris casematés que possèdent presque toutes les places, et ils ont fait un usage prudent et judicieux des galeries crénelées et des feux de revers.

Dans ce pays, on ne professe pas, comme en Allemagne, une préférence presque exclusive pour les idées de Montalembert et de Carnot ; mais peut-être les Belges se sont-ils maintenus dans le juste milieu d'une bonne application, parce que les principes et les éléments de défense absolus et exclusifs conviennent moins à leur caractère national qu'au caractère allemand.

La place de Diest, par exemple, située sur le Demer, à dix lieues d'Anvers et à la même distance de Liége, est nouvelle, et sa position est très-intéressante. L'enceinte se compose à l'ouest de deux fronts bastionnés ordinaires sans ouvrages extérieurs ; à l'est il y en a trois, et au nord, qui embrasse un espace équivalent à quatre fronts de Cormontaigne pour utiliser aussi l'ancienne enceinte de la ville, on trouve deux grandes ailes qui forment une tenaille ou un angle rentrant, et trois côtés qui forment des saillants. Près du flanc de ces côtés on a établi, à deux des saillants, des caponnières à flancs casematés et des feux de fusil couverts aux façades. A la partie méridionale se trouve une citadelle, qui est un pentagone de forme bastionnée, où l'on a établi des retranchements intérieurs formant suite aux courtines. Absence de demi-lunes, mais un chemin couvert avec des réduits aux places d'armes rentrantes et saillantes.

Au point d'union de la partie orientale de l'enceinte avec la citadelle, il y a une caponnière casematée.

La rivière du Demer et le ruisseau de Zwartebeck fournissent des eaux aux fossés de l'enceinte et peuvent inonder le terrain extérieur des trois forts de l'est : dans ce but on a construit des écluses d'inondation en lieu convenable, écluses qui sont protégées par les ouvrages de la place.

A une portée de fusil de la même place, devant le front tenaillé s'élève sur une colline le fort Léopold. La forme de ce fort est circulaire. Il est composé de deux enceintes concentriques à deux étages chacune, avec terre-plein, de fossés profonds et secs ; l'intérieur ou réduit de l'ouvrage renferme à son étage inférieur les magasins ; l'étage supérieur est une galerie crénelée divisée en niches. De la naissance de la gorge de ce réduit partent deux ailes qui forment un angle rentrant et qui vont se réunir à l'enceinte extérieure; chacune des deux ailes a une batterie casematée; toutes les deux prennent à revers les logements sur le glacis de la place par ce côté extrême.

La citadelle de Gand, ouvrage remarquable terminé en 1830, est un pantagone régulier; ses fronts sont ceux de Cormontaigne; mais les revêtements de ces fronts sont en voûtes en décharge, et les flancs sont casematés. Les gorges des bastions et les courtines sont occupées par un bâtiment développé à l'épreuve et à deux étages. Les ouvrages extérieurs sont: des demi-lunes avec leurs réduits, des places d'armes circulaires retranchées, un chemin couvert et des couvre-face (ou couvre-tête) en terre aux bastions.

En Angleterre, à en juger par les fortifications de Portsmouth, de Gosport et de Plymouth, il paraît qu'on cultive jusqu'ici avec une prédilection marquée les principes de l'École française; mais dans ses places maritimes, tant du continent que de Malte, Corfou, etc., l'Angleterre a construit des casemates jusqu'à satiété. Des forts côtiers, les uns sont bastionnés à feux couverts, les autres sont des réduits de blocage casematés et affectant la forme quadrangulaire, d'autres sont semblables à ceux de Montalembert ; et les forts dits tours Martello sont même à deux étages de casemates.

Chatham, grand établissement tout près de Londres, est entouré d'un cordon de forts détachés ; là, on trouve le fort Pitt bastionné, le fort Clarence, grande tour défensive quadrangulaire, formée de plusieurs étages avec de l'artillerie casematée.

En Sardaigne on a particulièrement caressé le tracé bastionné moderne ; on en trouve un échantillon de bonne qualité dans la place de Gênes, dont la grandeur et la position en font une place de premier ordre ; elle a deux enceintes, des forts extérieurs et détachés ; mais dans ceux des forts qui ont été construits récemment, nous voyons triompher les principes de l'École allemande, surtout dans les feux couverts dont ils sont dotés ; les feux couverts se trouvent aussi dans la citadelle d'Alexandrie, construite depuis plus de deux siècles.

En Danemark, en Suède et en Norwège, dit Zastrow, les forteresses construites dans les temps modernes appartiennent à l'École allemande.

Aux États-Unis d'Amérique, on a gardé la forme bastionnée dans les constructions modernes ; mais

on admet aussi la méthode allemande, et, dans toutes les constructions, on fait usage des blocages
creux. « Les forts élevés sur les côtes, » dit le colonel du génie D. Juan Munoz, dans son *Mémoire
sur le système défensif des États-Unis*, « sont récemment et solidement construits ; ils ont un
développement plus ou moins grand selon leur
importance, avec bastions, des angles rentrants et
saillants, des courbes circulaires, de simples droites adaptées au terrain de la position. En général,
ces forts sont armés de batteries casematées, bien
ventilées..... de bâtiments à l'épreuve, etc. »

Le fort Adams, le principal, celui qui, de toutes
les forteresses de la république, possède le plus
de force défensive intrinsèque, est situé à l'entrée
de la rade de Narragansett, sur un isthme formé
par le canal et une baie intérieure dont la partie
opposée est occupée par la population de New-
York, a la forme d'un pentagone : le tracé de ce
fort est bastionné ; deux de ses côtés regardent le
canal, un troisième est tourné vers la baie et les
autres vers la terre ferme. Les deux premiers ont
au bas de leurs terre-pleins des voûtes rabaissées
pour casemates et magasins ; le troisième, le quatrième et le cinquième ont des tenailles à flancs ca-

sematés ; en arrière des deux derniers, dont il est séparé par un fossé, se trouve un second mur ou retranchement ; pour flanquer et défendre ce mur, une casemate est pratiquée à l'angle rentrant formé par sa contre-escarpe ; de plus, il y a une galerie crénelée le long de la même casemate. Sur la partie terrestre et à la distance d'une portée de canon du fort, on a construit un autre fort avec réduit intérieur casematé.

En Espagne la pénurie du Trésor public, pénurie due aux circonstances défavorables dans lesquelles la nation s'est trouvée depuis le commencement du siècle, n'a pas permis d'élever de nouveaux ouvrages de fortification permanente qui puissent imprimer un caractère tranché à la méthode préférée par les ingénieurs espagnols.

Toutefois, les ouvrages de la forteresse Isabelle II à Port-Mahon qui est en cours de construction, et les ouvrages d'un des fronts septentrionaux récemment construits à la place de Manila aux îles Philippines, ceux du Ferréol, de Ténériffe, etc., prouvent que, sans abandonner les règles établies par les anciens maîtres espagnols dans l'art de la fortification bastionnée -- considérée en Espagne comme partout ailleurs, comme la meilleure et peut-être la seule admissible,— on fait d'heureuses et avantageuses applications des moyens de défense plutôt rappelés à l'existence qu'inventés par Montalembert.

On a fait en particulier un usage intelligent des casemates pour artillerie dont les anciens ingénieurs espagnols faisaient déjà grand cas, comme font voir plusieurs anciennes places du continent et les châteaux-forts du Morro à la *Havane et à San-Juan de Porto-Rico.*

Si des ouvrages de défense exécutés nous passons à ceux qui sont projetés , en d'autres termes, si de la fortification *pratique* nous passons à la fortification *théorique*, nous trouverons également une tendance manifeste à s'approprier ce que chacune des deux Écoles a de bon.

Nous nous convaincrons de la vérité de cette assertion, en rappelant quelques-uns des projets plus ou moins heureusement esquissés par des hommes studieux de toutes les nations. Sans entrer dans de longs détails, nous constaterons d'une manière générale les conditions et la forme de ceux de ces projets qui ont surnagé aux autres et acquis une certaine réputation, comme applications utiles de l'idée que nous cherchons à développer dans cet écrit,

J. C. W. Merkes, major du génie et aide-de-camp de S. M. le roi des Pays-Bas, a présenté quatre projets de fortification ; mais nous ne nous occuperons que du dernier de ces plans, parce qu'il ne diffère pas essentiellement des trois autres (1) (fig. 5, pl. V).

La pensée qui lui a servi de guide pour imaginer ses tracés, se trouve expliquée dans les paroles suivantes : « J'ai ici, » dit-il, « les chemins ordinaires par lesquels ou sur lesquels l'assiégeant doit s'avancer pour arriver à son objet : nous avons pris nos mesures pour l'y recevoir, et nous désirons même qu'il n'en choisisse pas d'autres. » Le maître qu'il prend pour modèle, c'est le célèbre Coëhorn, dont la méthode de fortification, bien connue, avait pour objet principal de *couvrir et de flanquer*, de construire des ouvrages étendus et propres à favoriser la réunion et les manœuvres des troupes assiégées, d'obliger l'assiégeant à faire des efforts pénibles et à exécuter de grands travaux pour se

(1) *Examen raisonné des progrès et de l'état actuel de la fortification permanente*, par J. G. W. Merkes. Traduit du hollandais, Paris, 1845.

rendre maître des ouvrages avancés et à augmenter la difficulté d'ouvrir brèche au corps de la place en l'enveloppant d'ouvrages tout en terre.

Les tracés de Coëhorn à la main, s'identifiant avec la pensée du célèbre ingénieur et pesant toute la prépondérance que l'attaque des places tire des nouvelles armes à feu, et de la manière dont ces armes sont maniées, Merkes modifie et corrige les tracés de Coëhorn « de la même manière, dit-il, que l'auteur les modifierait et corrigerait, s'il vivait aujourd'hui. »

Merkes attribue une grande valeur à la réunion des avantages résultant des fossés secs et des fossés remplis d'eau pour réaliser et faciliter les communications, pour établir des places d'armes et des refuges spacieux à la garnison; il ne regarde pas comme moins importante l'introduction de bonnes et solides casemates.

Pour construire ces casemates et les quartiers-casernes défensifs qui ferment la gorge des bastions et la grande caponnière ou réduit casematé de la demi-lune, sans augmenter par là les frais de construction, il supprime le revêtement de blocage de la tenaille, celui de la gorge de la demi-lune et des réduits, et même celui de la contre-escarpe, qui lui paraît inutile à cause de la largeur qu'il donne aux fossés. Il établit aussi des murs crénelés avec des arcades couvertes à l'épreuve, que l'ennemi ne pourra ruiner qu'en employant toute la puissance de son artillerie, et il place une galerie extérieure au-dessous du chemin couvert, de laquelle galerie, comme point de position, on peut détruire le logement de l'assiégeant, ses batteries de brèche et ses contre-batteries.

Dans le principe fécond de l'indépendance réciproque entre la direction des parapets et la magistrale des escarpes, il trouve moyen d'éviter le ricochet, en arrondissant les saillants et en brisant les longues lignes dirigées vers la campagne.

L'établissement du grand réduit casematé de la demi-lune, qui n'est autre chose que la grande caponnière centrale du tracé polygonal, lui permet d'augmenter la longueur du front jusqu'à 400 mètres, et d'établir une ligne de feux abondants et capables de défendre efficacement les capitales des saillants.

Enfin, dans ces casemates, dans ces murs crénelés, dans ces flancs courbes, ce grand saillant de la demi-lune, cette indépendance des parapets, ces batteries à la capitale, ces grandes casernes aux quartiers défensifs, etc., nous voyons une bonne et heureuse combinaison des éléments de défense proclamés par l'École allemande; ces éléments, intelligemment appliqués à la méthode de Coëhorn, corrigent au front bastionné du grand ingénieur hollandais les deux grands défauts que, comme nous avons dit au chapitre III, les ingénieurs français y ont laissé subsister.

J. Madeleine, capitaine en retraite et ancien élève de l'École polytechnique de Paris, a publié en 1844 un mémoire qui a pour titre : *Défauts des fronts bastionnés actuellement en usage.* Dans cet ouvrage, l'ingénieur français communique le projet de nouveaux fronts. Tâchons de rechercher la pensée sous l'influence de laquelle il proposa une variation essentielle dans la manière de fortifier les places. « Les faces des bastions, dit-il, sont destinées à défendre les approches de la demi-lune, à neutraliser les travaux de couronnement du chemin couvert de ces ouvrages, et la construction des batteries de brèche et des contre-batteries, etc.; mais pour que les faces en question puissent produire cet effet, il faut qu'elles aient des directions déterminées. Or, la capitale de la demi-lune est perpendiculaire au centre du côté extérieur et l'inclinaison de ses ailes est fixe ; il s'ensuit que les angles que forment les faces des bastions avec celles de la demi-lune, et par conséquent avec le côté extérieur, devraient être à peu près invariables pour tous les polygones sans distinction. . . . . .

En adoptant pour l'angle flanqué des bastions une ouverture constante, la même pour tous les polygones, mais en même temps la moindre qu'on puisse admettre pratiquement, soit une ouverture de 70°, en supprimant la demi-lune et en établissant des flancs assez étendus pour amener des rentrants inaccessibles entre les bastions, il sera facile, au moyen de l'artillerie, d'obtenir des feux nombreux et terribles de revers contre les travaux de couronnement du chemin couvert et contre les batteries de brèche des bastions. Telle est la *base*, tel est le *fondement* de notre système. »

« L'expérience prouve, dit-il ailleurs, que l'assiégeant, par ses ricochets, par son tir horizontal et vertical, réussit à démolir en partie les parapets de la place, à démonter les pièces et rendre insoutenables les façades des ouvrages. . . . . .

« Pour que la défense de près puisse être ce qu'elle doit être, pour que l'artillerie et les défenseurs aient et conservent leur valeur, il est, *avant tout*, besoin de leur procurer des abris. »

La figure 1, Pl. VI représente en traits légèrement tracés le projet qui est la conséquence de ces observations. On peut dire que les bastions de Vauban en ont disparu ; les rentrants sont plus prononcés, parce que les saillants le sont déjà, de sorte que son tracé se rapproche davantage de la méthode tenaillée. Le front qui, dans le plan que nous avons choisi, correspond à un polygone de vingt côtés (le même que pour un polygone de dix côtés, et pour la ligne droite), a une longueur de 500 mètres ; les angles flanqués ont 70° ; la partie saillante des fossés est défendue par les deux grands flancs de courtine, et les rentrants le sont par des galeries crénelées adossées aux contre-escarpes, galeries qui mettent aussi obstacle à la descente au fossé et le logement aux brèches, et qui appuient les retours offensifs ; la grande place d'armes au fond du rentrant est pourvue d'une longue galerie voûtée pour la réunion à couvert des troupes. Cette place d'armes est couverte, à ses extrémités, par deux grandes traverses battues par les réduits AA, qui, comme les premières, prennent les brèches à revers. Le chemin couvert, qui ne peut être frappé de ricochet, a un palissadement aux parties saillantes. La petite demi-lune avancée n'a pas de chemin couvert.

Le corps de la place est spécialement réservé à l'artillerie ; les ouvrages extérieurs sont destinés à la fusillade.

A la gorge des bastions ou grands saillants doivent être établis des retranchements à revêtements de blocage (1).

On voit que Madeleine varie le tracé des ouvrages de l'enceinte ; et, en adoptant les casemates représentées en profil fig. 27, Pl. IV pour le corps de la place et pour les galeries couvertes à la grande place d'armes et aux grandes traverses, etc., il fait disparaître la nudité aux terre-pleins : en un mot, il transforme radicalement la forme et les conditions des fronts bastionnés, sans avoir exclusive-

----

(1) Madeleine propose l'emploi d'un simple appareil pour arroser abondamment le terrain du glacis, de manière que la terre en devient fangeuse et impropre à former des épaulements, et à neutraliser le progrès des travaux de sape.

Il conseille aussi d'employer des *volants* qu'il place à la gorge des bations, aux places d'armes et aux réduits, pour inonder de projectiles les travaux de l'assiégeant. En huit minutes, dit-il, un seul *volant* peut lancer près de 960 projectiles sur la parallèle.

ment recours aux ouvrages de blocage casematés.

Sans nous engager dans une analyse détaillée de ce projet, dont nous croyons l'application avantageuse dans des localités déterminées, nous nous bornerons à remarquer que, sur des terrains de peu de développement, ce système présenterait des inconvénients à raison de ses grands rentrants qui enleveraient un terrain considérable; car ce n'est qu'en retirant profondément les courtines qu'on acquiert les grands flancs qui en sont le principal élément.

D. José Herrera Garcia, colonel du génie espagnol et auteur de trois projets ou manières de fortifier les places, est un des officiers spéciaux qui, dans les derniers temps, se sont le plus occupés de l'étude de cet art difficile : les résultats de ses curieuses recherches et de ses ingénieuses inventions sont tels, qu'ils ont été accueillis avec faveur et justement appréciés non-seulement en Espagne, mais encore dans les pays étrangers (1).

(1) Herrera Garcia : *Sur le rétablissement de l'équilibre des forces entre l'attaque et la défense des places fortes*, Madrid, 1838. — Id. *Théorie analytique de la fortification permanente*, Madrid, 1846. — Id. *Examen comparé de l'état actuel de l'art de fortifier les places*, Madrid, 1853.

Des trois projets en questions, nous ne mentionnerons que le deuxième, parce que, malgré les grands moyens qu'il offre pour résister aux attaques éloignées, l'auteur reconnaît lui-même modestement que le premier est surchargé d'éléments *qui entraînent un accroissement de dépenses considérable et un affaiblissement de la vigueur de défense pendant le dernier période*, c'est-à-dire celui qui succède à l'ouverture des brèches au corps de la place, et parce que le troisième est, pour ainsi dire, entièrement basé sur les principes de la fortification dite allemande.

Le deuxième projet mentionné est représenté par la figure 6, Pl. V, et pour rappeler la pensée qui, dans l'esprit de l'auteur, présidait à ce plan, nous traduirons ses propres paroles :

« L'état perfectionné où se trouve aujourd'hui l'artillerie, l'usage avantageux et multiplié qu'on en fait aux siéges des places, et les progrès réalisés par Vauban dans la tactique particulière de l'attaque, obligent à des considérations plus étendues que celles qui ont suffi jusqu'alors pour organiser et disposer les fortifications des places de guerre. Il s'ensuit que l'architecture militaire a dû subir une révolution presque complète, pour parvenir au but qui lui est tracé, et cette révolution a dû porter sur les principes suivants :

1° Protection et facilité fournies à l'assiégé pour développer et pour porter ses lignes de bataille dans des directions qui lui soient plus avantageuses, afin de pouvoir opérer à couvert et d'une manière tactiquement avantageuse sur l'ennemi dans tous les périodes du siége.

2° Moyens de préservation employés contre les effets destructeurs de l'artillerie, et suffisants pour empêcher la ruine des ouvrages avant qu'ils aient complètement rempli leur objet.

3° Arrangements et dispositions convenables pour couvrir, contre les moyens destructifs de l'attaque, le personnel et le matériel de la défense, qu'ils soient de service ou au repos.

4° Dispositions avantageuses pour faire une vigoureuse résistance à un période quelconque de l'attaque.

5° Liberté, facilité et sécurité de communication entre toutes les parties essentielles de la fortification, pour obtenir l'agilité, l'activité et la vigueur qu'exige la tactique particulière de la défense.

Si toutes ces conditions sont remplies, il arrivera que l'assiégé jouira infailliblement de tous les avantages qu'il pourra désirer, et la défense ne pourra manquer de s'élever de nouveau à son ancienne hauteur et énergie.

Ces résultats avantageux seront obtenus toutes les fois qu'on subordonnera complètement l'ordre de la fortification aux principes suivants :

1° Un système de fortification complet doit se composer de la combinaison efficace de ces quatre éléments ; 1° de masses couvrantes ; 2° de casemates, de galeries crénelées et de blindages ; 3° de bâtiments convenables à l'épreuve de la bombe ; 4° des dispositions relatives à la sécurité et à la facilité des communications et de la guerre souterraine, etc.

Les places de guerre considérées sous le point de vue purement militaire, sont construites à deux fins capitales : celle de couvrir les frontières d'un État, et celle de favoriser les opérations de l'armée de campagne ; mais, pour atteindre ce double but, il n'est pas nécessaire que les places opposent le même degré d'énergie pour la défense particulière des positions qu'elles occupent ; pour obtenir le même résultat, il n'est pas non plus nécessaire d'élever les mêmes ouvrages de fortification sur chaque point particulier, car la position géographique et les circonstances topographiques du terrain sur lequel elles sont établies, offrent souvent des avantages qui permettent de réaliser des simplifications considérables dans les ouvrages, et de grandes économies de frais, sans qu'il en résulte un affaiblissement de la défense générale de l'État ni de la défense particulière du point dont on se préoccupe. Mais ces avantages signalés ne peuvent pas être obtenus, dans toute leur étendue, si les systèmes de fortification ne se prêtent pas facilement à tous les cas de cette espèce qui peuvent se présenter dans la pratique, ne sont pas rendus applicables à tous les terrains et ne fournissent constamment à la défense une force proportionnée à l'importance du point qu'ils couvrent et aux frais qu'entraîne leur construction. Les systèmes que nous connaissons jusqu'ici, présentent beaucoup d'embarras pour satisfaire complètement à ces deux conditions; la continuité de leurs enceintes ou enveloppements et les grandes dimensions de leurs ouvrages sont dans beaucoup de cas des obstacles insurmontables qui empêchent que la première condition ne soit remplie, et, d'un autre côté, l'insuffisance de leurs ressources défensives sur des points d'une grande importance et l'excès des sommes qu'ils dévorent comparativement à ceux d'une importance moyenne, les rendent aussi incapables de remplir la seconde condition. »

De là naît la nécessité de supprimer quelquefois des ouvrages et de laisser le système complètement exténué; dans le cas contraire, d'en ajouter d'autres, des avant-fossés et des avant-chemins couverts, des flèches et des lunettes, des ravelins et des couronnements dont la valeur défensive dépend des relations plus ou moins intimes où les circonstances particulières permettent de les établir avec les ouvrages élémentaires du système auquel ils appartiennent, avec la nature et la topographie du terrain où ils sont situés. De tous les ouvrages additionnels, ceux qui ont été généralement le plus appréciés, ce sont les lunettes détachées, lorsque leurs positions, dimensions et reliefs peuvent se combiner de manière à forcer l'ennemi à les attaquer en bonne forme avant d'exécuter son passage par le glacis; car les fossés sont flanqués et vivement battus par les feux du chemin couvert du front de la place qui en est couverte, et les communications entre ces ouvrages sont faciles et sûres. C'est la réunion de ces conditions avantageuses, la facilité avec laquelle ils s'accommodent à toutes les localités et à toutes les manœuvres de sortie, leur indépendance réciproque, qui empêche que la perte de l'un n'influe d'une manière décisive sur l'ensemble de la défense générale, le peu de dépenses qu'entraîne leur construction ; c'est, disons-nous, la réunion de toutes ces circonstances avantageuses qui rend ces ouvrages préférables à tous les autres de leur espèce. Néanmoins, l'ouvrage principal que nous considérons avec tous les ouvrages subsidiaires ajoutés qui ont été inventés et mis en usage jusqu'à ce jour, est entaché des mêmes vices capitaux que les systèmes dans lesquels on l'a fait entrer ; nous voulons dire le défaut de relation de leurs lignes de feu avec les principes fondamentaux de la tactique générale et, par suite, l'impossibilité où se trouve l'assiégé de s'opposer énergiquement aux premiers ordres de bataille et à la marche de l'attaque, ensuite l'absence de moyens pour échapper aux effets désastreux des feux verticaux. Ces ouvrages ne peuvent donc pas rendre à la défense les services qu'on a prétendu, ni même procurer des avantages proportionnés aux grands frais qu'ils entraînent. Aussi a-t-on renoncé depuis longtemps aux ravelins (demi-lunes) et aux couronnements dont on faisait usage avec autant de profusion que peu de discernement au commencement du dix-septième siècle, en les employant comme ouvrages extérieurs à l'enceinte des plans, etc.

En examinant ce plan, on y remarquera : 1° l'enceinte principale formée par les *tours en taille-mer ou gorgère* AA avec leurs donjons courbes *aa* à la gorge, et des courtines BB dont le centre est occupé par les réduits *bb* ; de plus, les deux fossés *hh* et *ff* avec leurs glacis, leurs places d'armes *hh* et *ff*, et une galerie de contre-escarpe appartenant au premier des deux fossés ; 2° à 180 vares de cette enceinte se trouvent deux lignes éloignées de 200 vares des ouvrages actifs CC et DD que l'auteur appelle *lignes en taille-mer,* avec ses fossés et ses glacis généraux, ses places d'armes aux angles rentrants des contre-escarpes, et des galeries crénelées au-dessous des dernières, qui battent de revers le glacis général de la ligne d'ouvrages extérieurs. Le profil M N en capitale fait connaître les reliefs et la composition d'une tour en taille-mer. Les lunettes ont une organisation analogue.

Ce projet correspond à la fortification à établir sur des points primitifs d'une grande importance et sur des polygones de vingt côtés ou plus ; mais, pour les polygones de second ordre de moins de vingt côtés, on peut, selon l'auteur, supprimer la seconde ligne d'ouvrages actifs, c'est-à-dire la ligne la plus éloignée de l'enceinte, et même, en fait de points de troisième ordre, ou de polygones de moins de douze côtés, il ne reste que le corps de place dont le glacis général ira alors mourir dans le plan du terrain ultérieur.

Le côté du polygone défensif qui est toujours supposé unir les centres des ouvrages actifs les plus saillants, a une longueur de 320 à 350 vares. Dans tous les polygones de moins de vingt côtés, pour empêcher qu'il ne se forme des angles morts aux têtes de ces ouvrages en taille-mer, on substitue la courbe formée par des tangentes déterminées (fig. 7).

La forme de cette fortification se rapproche de la méthode allemande. Cependant nous y trouvons la longueur du côté extérieur réduite à 320 vares ; cette réduction est due, comme dans le système bastionné et en opposition avec le système polygonal, à ce que les ouvrages principaux de défense active sont placés aux angles du polygone, à l'emplacement des bastions.

Dans les ouvrages , de même que dans les lu-

nettes en taille-mer, l'artillerie joue sur des terre-
pleins découverts; et bien que, dans chacun de ces
ouvrages, l'espace soit relativement petit et que par
suite le nombre des canons qui peuvent y entrer,
le soit également, l'action de la place contre les
attaques éloignées est très-puissante ; car ils sont au
nombre de plusieurs, les ouvrages qui découvrent,
joignent et croisent leurs feux sur chacune des positions de l'assiégeant : l'action des casemates, du
moins une grande partie de celles-ci, est réservé
pour l'attaque décisive. L'organisation du corps de
la place, tant pour l'intérieur que pour l'extérieur,
est telle que la place ne doit pas se rendre, lors
même que l'ennemi y pénètre. « Étant donnés les
défenseurs de Saragosse, » dit M. Fergusson, « l'entrée de l'ennemi dans la place serait en réalité le
moment initial du siége. »

Appliqué à un terrain donné, ce tracé, sans posséder autant de flexibilité que les méthodes employées en Allemagne, n'aura pas, ce nous semble,
la raideur, s'il est permis de parler ainsi, qui est
le caractère de la fortification dite française appliquée aux terrains accidentés. En effet, les tours en
taille-mer de l'enceinte sont, jusqu'à un certain
point, rapprochées, les courtines sont démesuré-

ment surchargées, et l'on voit percer l'idée de la nécessité de conserver la symétrie entre toutes les parties du tout, pour empêcher l'affaiblissement de leur force défensive.

M. James Fergusson, membre de l'Institut royal de Londres, propose une autre méthode de fortifier les places, qui diffère beaucoup de tous les systèmes connus. D'après cet auteur, les ouvrages de défense doivent, entr'autres, offrir à l'assiégé des facilités pour faire des sorties et pour battre toujours de front l'assiégeant. M. Fergusson prescrit de grandsterre-pleins et il se procure à cet effet des terres en ouvrant de grands fossés, tantôt secs, tantôt susceptibles d'être remplis d'eau; mais les fossés sous eau ayant l'inconvénient de rendre difficiles les communications entre la place et les ouvrages extérieurs, il commence par y renoncer. Il veut donc un fossé qui ait 60 pieds anglais de profondeur et 200 de largeur : l'excavation produira, selon lui, une quantité de terres suffisante pour former un terre-plein de 400 à 500 pieds de largeur à la base, et de 50 de hauteur maxima. Ce vaste terre-plein, il le divise longitudinalement en quatre ou cinq sections qui sont la résultante de 80 à 100 pieds de base et qui, de l'intérieur à l'extérieur, se dominent respectivement de 14 à 15 pieds. Les plans de feux des parapets qui s'étendent le long de ces enceintes, découvrent la crête extérieure du glacis qui cache à l'assiégeant le terre-plein le plus bas qu'il appelle *fausse braie* et qui seul entre en action quand l'ennemi arrive à couronner la contre-escarpe du fossé. Quant au plan des ouvrages, la magistrale du modèle présenté par l'auteur à l'exposition de Londres était circulaire ; mais elle était susceptible de variation sans aucune difficulté et pouvait s'adapter à la configuration du terrain suivant les localités données , ce qu'on n'aura pas de peine à comprendre en jetant les yeux sur la fig. 8, pl. V.

Quand le fossé est à eau, il n'y a de revêtement de blocage à aucune des enceintes, et le fossé est alors flanqué par de doubles caponnières qui s'avancent jusqu'à son milieu à partir de la fausse braie.

Si le fossé est sec, un mur Carnot d'un tracé bastionné à flancs casematés s'étend par devant la fausse braie.

Sur un front de 360 yards, fortifié de cette manière, on peut placer jusqu'à 1,000 pièces d'artillerie, espacées de vingt pas d'intervalle de l'une à l'autre.

Il paraît, dit le colonel A'dams, qu'au moyen des projectiles creux modernes, il est facile d'opérer, avec des feux horizontaux, la destruction du terre-plein de 18 pieds d'un front bastionné ; mais, à raison de la forme circulaire du tracé de **M.** Fergusson, ces projectiles ne pourraient pas rebondir facilement, et, de plus, leur action directe aurait à vaincre la résistance opposée par un terre-plein de 100 pieds de base et plus. Il resterait un moyen d'attaquer ces fronts ; ce serait l'emploi des mortiers, en d'autres termes, un bombardement. Pour se soustraire aux effets terribles du bombardement, l'auteur propose d'abriter ses canons sous les casemates de Haxo : au moyen de cet artifice, les batteries de l'assiégeant, sur le grand but qui se présente à elles, ne découvrent pas un mètre de blocage.

Remarquons ici les énormes massifs de terre qui doivent être considérés comme premier élément de résistance passive de ce système. Or, ce genre de construction nous paraît être d'une application difficile dans la plupart des cas, à cause de l'excessive masse de terre qu'il exige, de l'espace qu'il occupe, des sommes fabuleuses que coûtent la construction et l'entretien d'ouvrages qui tiennent beaucoup de la fortification passagère.

Le *Journal de l'Armée belge* a publié, en 1856, un projet d'agrangissement pour la place d'Anvers, présenté sous le nom de M. Keller. A ce propos, il établit une série de principes généraux de défense qui, d'après son opinion, devraient servir de base à la fortification de grands centres ou de pivots (axes) stratégiques, et il présente en conséquence un projet de *place-modèle* (fig. 2, Pl. vi).

La suite de principes qu'il établit, peut être résumée de la manière suivante :

1° L'enceinte des places à grand développement doit être construite, autant que faire se peut, d'après le tracé bastionné, avec des fronts de 600 mètres de côté extérieur et des flancs casematés avec leurs blocages couverts par un épaulement en terres ;

2° L'artillerie, dans ce genre de places, doit être organisée sur des bases plus larges que celles qui ont prévalu jusqu'ici parmi les ingénieurs ;

3° La seule et unique manière de défendre efficacement une brèche ou de repousser une attaque, c'est de tomber en masses compactes sur les troupes assaillantes, au moment où celles-ci se précipitent sur le terre-plein de l'ouvrage ;

4° La garnison de ces places doit toujours, autant que possible, être logée derrière les ouvrages, et rester soustraite au feu de l'ennemi, pour qu'elle soit constamment disponible et placée sous la surveillance de ses officiers ;

5° Les demi-lunes, ayant l'inconvénient de présenter un grand secteur privé de feux et de ne recevoir de la place d'autre appui qu'un flanquement éloigné et incomplet, peuvent être remplacées par des *forts appliqués* à l'enceinte, assez espacés pour que les feux d'artillerie qui en partent, se croisent ; distants par conséquent de 1,800 mètres, et pourvus d'un rentrant casematé à la gorge ;

6° Quand une enceinte de place est précédée d'un large fossé d'eau, il n'y a pas lieu de revêtir les escarpes ;

7° Les places à grand développement doivent offrir à l'armée active un champ de bataille avantageux, c'est-à-dire un camp retranché où elle puisse accepter ou refuser le combat ;

8° L'extension de ce camp retranché doit être proportionnée à la force de l'armée chargée de le défendre ;

9° Ce camp retranché doit être formé de forts détachés qui croisent leurs feux d'artillerie et qui aient un réduit intérieur ou tour-réduit casematé.

C'est d'après ces principes que les fortifications de la place-modèle sont légèrement dessinées dans la figure citée.

Le terrain est supposé être tel que l'eau s'y rencontre à 2 mètres de la superficie.

Les tours qui sont destinées à fermer le camp, tours distantes de 2,400 à 3,000 mètres des angles flanqués de l'enceinte, sont représentées par la figure 2, Pl. VI.

Dans ce projet, il y a trois points à observer :

1° L'ingénieuse disposition des *ouvrages appliqués* en substitution des ouvrages extérieurs. L'idée de ces ouvrages est nouvelle, et nous semble pouvoir être avantageusement exploitée dans l'art pratique de la fortification.

Les avantages qu'elle offre subsistent, bien qu'elle exige que les forts soient disposés en ligne droite, ou du moins que le polygone sur lequel les forts doivent s'élever, se compose d'un grand nombre de côtés ; une disposition différente ne permettrait pas à ces forts de se flanquer mutuellement ni de battre le terrain intermédiaire sur la partie adjacente à l'enceinte.

2° Les casemates des flancs des bastions, celles des réduits des *ouvrages appliqués*, les tours des ouvrages détachés, et jusqu'à la suppression des ouvrages extérieurs et à la constitution du camp, tout imprime au projet en question un caractère allemand.

3° Mais l'exclusion de tout tracé qui n'est pas bastionné, exclusion qui est maintenue tant à l'enceinte de la place qu'aux ouvrages appliqués et détachés, semble indiquer une préférence marquée pour ce que nous appelons fortification française.

Tout bien considéré, nous pourrions dire de la *place-modèle* ce que nous avons des *systèmes* : la place-modèle n'existe pas, elle n'est qu'un rêve, qu'un idéal. En effet, que l'on veuille bien considérer l'extension de terrain que doivent embrasser la place et son camp retranché ; qu'on veuille bien imaginer la variété de formes et toutes les circonstances qui s'accumuleront aux points où il s'agira d'élever des ouvrages, et l'on restera convaincu de l'extrême difficulté et souvent de l'absolue impossibilité d'y appliquer les fronts égaux de forme déterminée et unique qui sont essentiels à ce projet.

A la suite de ces exemples, nous pourrions encore citer plusieurs échantillons où l'ingénieur découvrirait le souci avec lequel leurs auteurs font main-basse sur tout ce qui peut sembler utile pour augmenter la défense, empruntant à tous les pays, à toutes les écoles sans distinction. Il en est surtout un en particulier qui réunit de grands avantages de défense, et que nous désirerions décrire ici : C'est le tracé ingénieux proposé pour la fortification de Barcelone par les studieux et intelligents officiers du corps du génie qui ont été chargés de cette tâche; mais, pour plus d'un motif, nous renonçons, quoiqu'à regret, à la satisfaction que nous éprouverions à le faire connaître.

Après avoir esquissé les projets de fortification sur terre, disons aussi quelques mots de la défense souterraine, en rappelant le remarquable projet du colonel Verdu, officier du génie espagnol ; projet que l'on peut étudier en détail dans son ouvrage intitulé : *Nouvelles mines de guerre.*

Nous avons déjà dit au chapitre III que, par l'invention des globes de compression et des puits, sans explosion ou détonation, on a communiqué à l'attaque contre les travaux de mine une énergie telle que les ingénieurs modernes ont cru de-

voir ramener la défense souterraine à des limites
déterminées, abandonnant l'immense développement qu'on donnait auparavant à la construction
de galeries principales, de galeries de communication, d'ouvrages enveloppants, de rameaux, etc.;
de plus, le colonel Verdu a trouvé le moyen de les
rendre complétement inutiles, sans faire perdre à
la défense par la mine sa véritable importance.

Ce moyen est très-simple. Étant déterminée de
prime abord et, en conséquence de la défense à
faire, la situation particulière et réciproque des
fourneaux, à partir de la distance présumable de la
première parallèle jusqu'à l'intérieur de la place :
au lieu de marcher aux points ou positions en question par des chemins horizontaux et souterrains,
on y descend par des puits verticaux de 8 à 10 pieds
de profondeur. Pour communiquer le feu à partir
du moment où les boîtes de poudre sont établies
dans les chambres ouvertes au fond, on unit un des
bouts de l'amorce de mine qui entre dans les pou-
tres — l'autre bout reste en communication avec
la terre — à l'extrémité d'un conducteur métallique, isolé et couvert de gutta-percha : ce conducteur métallique, qui monte jusque vers la
superficie du sol et va toujours, enterré à

une profondeur plus grande que la profondeur ordinaire des tranchées, mais suivant une direction quelconque, aboutir au pôle correspondant d'un appareil électro-moteur dont se sert l'assiégé, et qui se place sur un point quelconque, mais sûr, de l'intérieur de la place. La distance à laquelle peuvent s'élever les fourneaux de mine, est indéterminée ; car au courant continu et direct de l'appareil, l'auteur cité a substitué un autre courant induit d'étincelles interrompues et discontinues d'une extrême énergie, en combinant la pile d'un seul élément de Bunsen avec un multiplicateur de courant d'induction.

Pour faire sauter sumultanément et à la fois trois, quatre ou cinq fourneaux, même placés à des profondeurs différentes, il suffit d'un seul fil conducteur. (Voir les fig. 3 et 4.)

La simplicité de ce procédé saute aux yeux : il est remarquable par l'absence totale de toutes ces constructions souterraines qui absorbent un matériel et un temps si considérables, et par la rapidité avec laquelle se construisent les puits, comme nous allons voir.

Les avantages de cette méthode de mine, abstraction faite de sa simplicité, sont importants. En effet, le mineur n'ayant pas à cheminer souterrainement, ce qui donne déjà lieu à une grande économie de temps et d'argent (1), et la distance à laquelle se réalise l'action de la pile, étant, comme l'expérience l'a démontré, illimitée, la défense par la mine peut être utilement commencée dès le premier période du siége ; les explosions combinées et successives de fourneaux disposés sous les mêmes positions produiront sur l'ennemi un effet tout à la fois moral et matériel : circonstance extrêmement importante pour la défense de la place, parce qu'elle se rapporte à une époque de siége où l'assiégeant exécute ses travaux avec rapidité et peu e risque, qu'il est placé hors de la portée efficace de l'artillerie de celle-ci, et que les sorties de la garnison ne peuvent s'effectuer qu'à la faveur de la surprise et de la confusion produites au camp ennemi par les premières explosions. A mesure que les travaux d'attaque avancent et progressent, la défense par les fourneaux se fera de la même manière que dans les mines ordinaires. Toutefois, avec le système de mines Verdu, le nombre des fourneaux sera beaucoup plus grand, par la raison

(1) Un appareil d'induction complet de l'invention de l'auteur ne coûte pas plus de 600 réaux de vellon, (156 francs).

même que l'établissement en est beaucoup plus simple et plus expéditif. « Ce système de fourneaux, dit l'auteur, se prête également et uniformément à tous les tracés; car son caractère distinctif, c'est précisément de n'avoir point de caractère, ou d'être arbitraire et d'être approprié seulement aux circonstances de temps, de poudre et de matériel disponibles dans la place assiégée. »

Nous avons dit que l'établissement des fourneaux est facile. En effet, il n'importe qu'ils soient de construction permanente, ou d'exécution rapide et passagère. On dispose les permanents en ouvrant des puits d'une profondeur convenable et en construisant au fond des chambres en blocage de forme cubique, sphérique ou simplement voûtée à la partie supérieure. La bouche du puits reste couverte pour que la position en soit cachée à l'ennemi. L'expérience a démontré qu'en calculant trois jours de travail pour une profondeur de 18 à 20 pieds, ce qui correspond à un étage inférieur de feux, et en employant des hommes rompus à ce travail, il suffit de 60 mineurs et d'autant de servants pour construire 300 fourneaux de cette espèce dans l'espace d'un mois, de sorte que la construction de ces puits permanents peut être ajournée jusqu'à un

mois avant l'investissement de la place. Les fourneaux de seconde espèce, c'est-à-dire ceux d'une exécution rapide, ne se mettent qu'à 8 ou 10 pieds de
profondeur. Si le terrain l'exige, on ouvre de petits
puits que l'on revêt de bois; dans le cas contraire,
on ouvre des trous verticaux ou inclinés au moyen
de tarières artésiennes, et l'on emploie une autre
tarière particulière pour pratiquer au fond l'excavation de la chambre. Dans l'espace de 2 ou 3
nuits on peut construire de 100 à 200 fourneaux
de ce genre jusqu'au delà de la troisième parallèle.

De toute l'exposition précédente, de l'examen auquel nous avons soumis les forteresses construites
depuis 40 ans, et les projets de défense qui ont vu
le jour, il suit clairement qu'à la rigueur il n'existe
pas ce qu'on nomme vulgairement *système* de fortification.

Ce résultat négatif n'a rien d'étonnant; car,
d'une part, on n'arrive, par l'étude de la stratégie,
qu'à trouver des principes tout à la fois politiques
et militaires dus au raisonnement appuyé sur l'expérience et dont l'heureuse et utile observation est
la condition de la bonne issue de la guerre; d'autre
part, l'étude de la fortification ne conduit à regarder comme constants et invariables que les princi-

pes de l'architecture militaire dans laquelle les principes de construction se combinent avec les principes de défense, et dont l'heureuse ou malheureuse application au terrain doit décider du savoir ou du discrédit d'un ingénieur militaire.

Qu'il s'ouvre une discussion large et approfondie sur la question de savoir si l'artillerie des places de guerre doit, dans tous les cas ou seulement dans des cas déterminés, être à découvert ou placée sous des voûtes à l'épreuve; et qu'après avoir admis les casemates ou blindages dits permanents on en étudie les formes, les dimensions dans tous les sens, leur force de résistance avec tout genre de matériel et d'énergie de percussion; qu'on se rende compte par une analyse exacte de la convenance qu'il y a à ce que les canonnières aient plutôt telle forme que telle autre, soit quelles regardent la campagne, soit qu'elles aient une direction de flanc ou de revers; que l'on soumette à un examen sérieux la question de savoir si, dans certaines circonstances, surtout dans le cas où les fossés sont à eau, on peut laisser les terres sans revêtements, ou s'il convient de préférer une escarpe détachée; et, dans le cas où elles seraient revêtues, quels doivent être ces revêtements, s'ils doivent être solides ou en décharge; que l'on médite sur l'extension, la distance et l'épaisseur des contre-gardes ou masses couvrantes; que l'on recherche si, dans la construction des places, c'est l'élément actif ou l'élément passif qui doit prédominer; s'il est utile d'établir des camps retranchés permanents, tantôt isolés, tantôt placés sous la protection des forteresses; si ces camps doivent être vastes comme ceux des Allemands, ou petits comme ceux de Vauban, etc., etc; que l'on entreprenne tous ces examens, et, au sortir de la discussion, on regardera comme un non-sens la prétention de vouloir décider que la disposition relative de toutes les lignes de fortification doit-être, dans tous les cas, la même, que leurs dimensions doivent-être invariables ou peu s'en faut, que leurs reliefs doivent s'arrêter à un terme fixe, pas un soupçon de plus, pas un soupçon de moins, bien qu'il soit indispensable de combiner une multitude de plans pour désenfiler les ouvrages, que, dans chacun de ces ouvrages, il faut dresser un nombre déterminé de canons, etc. Vouloir, au milieu de cette flagrante diversité, formuler des *modèles et des systèmes*, est et sera toujours, d'après notre opinion, une lourde méprise, quelle que soit l'école qui établit de tels principes.

La fortification moderne, dont il n'est pas facile de donner une définition exacte, a son point de départ dans les ouvrages publiés par Montalembert.

Les principes établis par cet homme célèbre s'appuient sur des idées qui ne sont pas nouvelles : les projets qu'il a formulés, méritaient d'être étudiés et discutés ; ils méritaient mieux que le dédain et l'aversion avec lesquels les ingénieurs français les accueillirent et les traitent encore aujourd'hui.

Les différences qui séparent les deux écoles dominant aujourd'hui dans le monde militaire, c'est-à-dire l'école française et l'école allemande, et qui naissent de la manière différente dont chacune d'elles sont nées les idées émises par ce général, doivent nécessairement disparaître, si l'art de fortifier les places doit progresser, se perfectionner et recouvrer son ancienne importance, en tenant compte de l'énergie toujours croissante des moyens d'attaque.

La sanction de l'expérience manque au système allemand; il est à craindre que cette perfection si désirable ne se réalise pas avant qu'une guerre effective vienne décider qui a raison, des Français ou des Allemands; ou il est possible — ce qui paraît probable — que la sanction du problème se trouve dans la combinaison judicieuse des principes établis par les ingénieurs des deux écoles réunies.

Dans les constructions modernes et dans les nouveaux projets de fortification, on découvre cette tendance des écoles à se rapprocher et à se confondre.

L'Espagne, à raison de sa position géographique, des conditions particulières où elle se trouve placée, et du développement que les nations les plus avancées de l'Europe donnent à l'élément militaire, est conviée à perfectionner le sien d'une manière proportionnée à ses forces et à ses aspirations. Elle doit donc mettre à contribution toutes les idées utiles, nationales ou étrangères, et tous les enseignements de l'expérience qui peut-être s'apprête à lui déployer une fois de plus les pages de fer qu'elle trace de sa main redoutable.

APPENDICES [1]

A.

Des épreuves exécutées en France avec les nouveaux canons rayés, il y en a une qui mérite une mention spéciale.

Une batterie armée de canons ordinaires, du calibre de 24, fut établie à 22 mètres de distance d'un mur ; une autre batterie, montée de canons rayés de 12, fut dressée à 63 mètres de distance d'un autre mur qui se trouvait dans des conditions identiques au premier.

Il se trouva que les canons rayés, bien que pla-

---

[1] Ce Mémoire ayant été présenté au concours de mars 1859, nous avons cru qu'il ne serait pas hors de propos d'y faire quelques légères additions : l'année dernière nous ne pouvions faire entrer dans le corps de l'ouvrage les notices que nous possédons aujourd'hui, au moment de faire imprimer les nouvelles expériences entreprises sur les canons rayés, car nous ne connaissions pas l'ouvrage récemment publié en Belgique par M. Piron, intitulé : *La fortification éclectique.*

cés à une distance presque trois fois plus grande
du but, mirent moins de temps à y faire brèche que
les canons de 24. Les projectiles des premiers pénétrèrent dans le mur jusqu'à une profondeur de
15 centimètres, et produisirent, par leur explosion,
un entonnoir d'une grandeur considérable.

Dans la récente campagne d'Italie, les Français
mirent une fois près de Valenza en batterie 12 pièces
rayées qu'ils avaient mises hors de la portée des canons autrichiens de 12 : avec cette batterie, ils rendirent impossible la continuation des travaux de
défense qu'exécutaient les Autrichiens, et démo-
lirent leurs ouvrages de terre à une distance de
2,500 mètres.

Le lieutenant-colonel d'artillerie de l'armée ba-
varoise. F. Schmoelzl, dit dans son ouvrage sur les
canons rayés qu'aux expériences exécutées en Angleterre en 1854 la force de percussion d'un projectile du canon Armstrong de 5 livres — le projectile était un boulet plein auquel l'inventeur
adapta une pointe en fer ou en acier en place de
la fusée de percussion — était telle, qu'à la distance de 1,500 yards (1,372 mètres) il traversa un
but de 3 pieds (0^m,90) d'épaisseur formé de six
gros madriers d'orme unis.

Le projectile allongé du canon rayé de 12 du même ingénieur traversa à 800 yards de distance (730 mètres) un but ou parapet en chêne de 9 pieds (2^m, 7) d'épaisseur.

Enfin, le projectile du canon de 32 du même système que les précédents brisa en partie une des plaques de fer de la batterie flottante Trusty, troua le but et passa par-dessus le pont de bateaux.

Les canons de M. Whitworth, essayés récemment à Southport en Angleterre, ont donné, suivant le *Manchester Guardian*, les portées totales suivantes :

CANONS.	ÉLÉVATION.	CHARGE.	PORTÉES EN YARDS.
De 3........	35°	8 onces.	9.164
	35°	8 onces.	9.688
De 12.......	10°	21 onces.	4.120
De 80.......	10°	12 onces.	4.730

Le rifle inventé par le même ingénieur envoie à une distance de 500 yards (environ 468 mètres) tous ses projectiles dans un but dont le rayon est de 8 pouces.

Le canon rayé de fer fondu espagnol du calibre de 32 fondu à Trubia a donné des résultats brillants, d'après les expériences faites à Gijon en 1859. Avec une élévation de 15° 30' et une charge de 4 kilogr., on a obtenu des portées totales de 6,000 mètres. Avec des canons de bronze rayós, également espagnols, du calibre de 4 ou de 12, on a obtenu des pointements et des portées très-prononcés, comme on a pu l'observer en Afrique pendant la dernière guerre si glorieuse pour les armes espagnoles.

Avec le canon de 4 qui porte à 3,000 vares, la probabilité d'atteindre le but est, à cette distance, de $\frac{1}{4}$.

Avec celui de 12, la portée est de 4,500 mètres.

B.

A la fin de l'année 1859, nous avons lu l'ouvrage intitulé : La *Fortification Éclectique*, par le capitaine du génie belge, F.-P.-G. Piron.

L'auteur, croyant, comme nous, que les prétendus systèmes de fortification aujourd'hui en usage sont insuffisants, et que la nouvelle puissance d'attaque exige l'adoption d'autres tracés, dit que

l'art de la défense a deux questions à résoudre :
1° protéger les places contre les feux courbes et le
tir de ricochet ; 2° conserver ses feux jusqu'à l'é-
puisement des autres ressources défensives.

Pour arriver à cette double fin, il admet en principe l'usage des casemates pour la défense des fossés, et, pour conserver l'artillerie qu'il place sous
les voûtes, il protége le mur qui les masque, en mettant devant elles un couvre-face où il ouvre des canonnières-tonnelles affectant la forme représentée
fig. 5, Pl. vi. C'est l'idée qui s'était déjà présentée
à l'esprit de l'ingénieur espagnol D. Sébastien Hurtado, comme nous avons fait voir plus haut.

« Ces canonnières-tonnelles, » dit le capitaine
Piron, « qui servent tout à la fois à tirer le canon et
à faciliter les sorties de l'assiégé, doivent avoir
leurs piles de blocage destinées à soutenir la voûte,
ou bien des barres de fer (rails) ou des pièces
de bois sur lesquelles doit reposer le massif de
terres du couvre-face. La hauteur de ces passages
sera, pour le moins, de deux mètres, et leur longueur se réglera par la séparation de la mitraille,
laquelle est, suivant Heusschen, le dixième de
la distance mesurée jusqu'à la bouche de la pièce.

La voûte doit être inclinée de manière à intercepter les coups qui viennent de la contre-escarpe.

Un petit fossé ouvert sous l'entrée extérieure de la voûte sert à recevoir les décombres que peut produire le canon de l'ennemi. »

L'application de cet élément de défense procure à l'auteur le moyen d'éviter dans les tracés tenaillés les secteurs privés de feux qui se forment aux rentrants et aux saillants.

A cette fin, il fait usage de batteries circulaires A B, fig. 7, Pl. vi, dont les canons dirigent tous leurs coups à travers une seule canonnière-tonnelle établie au saillant, ou, comme l'indique la figure, à l'entrant, si c'est une tenaille.

C.

Le même ingénieur Piron propose d'ajouter aux éléments de fortification dont nous venons de parler, c'est-à-dire aux canonnières-tonnelles, d'autres éléments nouveaux selon lui : des *batteries-tranchées* et des revêtements de *pierre sèche*.

Il veut que les premières soient établies sur la masse de terres des parapets, et que ces derniers aient une épaisseur beaucoup plus grande que celle qu'on leur donne ordinairement, et c'est dans les parapets qu'il ouvre ses batteries-tranchées en aussi grand nombre qu'il y a de pièces à dresser : les dés ou massifs de terres qui se forment entre deux sapes successives, jouent le rôle de traverses et sou-tiennent les éléments de blindage. Les revêtements de pierre sèche réunissent, dans l'opinion de l'au-teur, toutes les conditions voulues de solidité, de durée et d'économie.

« La fortification des polygones, » dit M. Piron, « peut présenter les combinaisons du tracé tenaillé, du tracé polygonal et même du tracé bastionné réunis dans une seule méthode générale, que nous appellerons *Méthode des transversales.* »

Nous n'entrerons dans aucun détail de cette mé-thode qu'on peut étudier dans le livre de l'auteur, livre dont nous recommandons la lecture ; nous nous croyons d'autant plus dispensé d'en parler plus au long, que les plans qu'il propose ne nous paraissent pas résoudre le problème d'une *meil-leure* défense. Il suffira de faire connaître une de ces places. (Voir fig. 6, P. VI. qui représente le front de côté d'un décagone.)

D

Ce que nous avons dit des casemates, nous pouvous le répéter de tous les instruments de guerre qui se rapportent aux constructions militaires modernes, et aux nouveaux moyens de battre les places en brèche. Pour que l'expérience servît d'appui sérieux au raisonnement, il faudrait qu'ayant à notre disposition deux ouvrages de défense d'espèce différente, l'un bastionné, l'autre fortifié d'après la méthode perpendiculaire, nous dirigeassions contre l'un et l'autre, dans des conditions et des états différents, le feu de la puissante artillerie qui forme aujourd'hui un train de siége, feu dont les principaux éléments sont fournis par les canons rayés dont l'action sur des masses de terre ou de blocage est à peu près inconnue.

Il n'est pas nécessaire de démontrer la nécessité d'acquérir la connaissance de cette action pour tous les cas. Mais quand il s'agit d'une époque comme la nôtre où l'Espagne, par exemple, élève des constructions nouvelles et où elle se propose de les continuer, il y a un intérêt majeur à posséder cette connaissance à tout prix ; car ce n'est qu'à cette condition que les ouvrages qu'elle construit peuvent compenser le sacrifice que fait la nation en y consacrant des sommes énormes. Or, nous ne disposons pas d'ouvrages de fortification que nous

puissions détruire à la seule fin d'en vérifier la résistance contre les coups de l'artillerie moderne,
ni il n'est permis de penser qu'on en construise
dans le but de les démolir ensuite pour satisfaire à
un désir aussi justifié. Toutefois, nous ne considérons pas cette idée comme une folie au point de vue
de la science; nous ne la mettons de côté qu'à
cause des énormes dépenses qu'en demanderait
l'exécution et pour des raisons d'économie pé-
remptoires.

Cependant la haute importance du sujet nous a
fait penser que, la nécessité d'éprouver les canons
rayés et la convenance d'abandonner certaines
places de guerre et d'en démolir d'autres étant également démontrée, il y a là une bonne occasion de
faire des expériences qui amènent des résultats, si-
non complets et décisifs, du moins aussi approchant de la vérité et de la réalité que possible, des
résultats qui fournissent des données d'importance
immense, tant pour la construction des fortifications que pour la direction des attaques sur les
places.

Entrons dans quelques détails pour exprimer
notre pensée avec plus de clarté.

1° Les expériences faites par les ingénieurs français à Metz, à Bapaume, à Vincennes et dans d'autres places ; les expériences des Anglais à Woolwich et des Allemands à Coblentz, ne dissipent pas les doutes que l'art de la fortification présente aujourd'hui, parce qu'elles n'ont pas été conduites sur une échelle suffisamment vaste. La vérité est que nous ignorons même, officiellement parlant, le résultat de ces épreuves ; mais, grâce aux journaux et aux revues militaires, nous savons qu'il y a dans ces épreuves une apparente contradiction quant à l'effet des canons rayés. On nous dit qu'en France les canons lisses du calibre de 24 placés à 22 mètres d'un mur ont mis, pour faire brèche, le double de temps qu'il a fallu aux canons rayés de 12 chargés de projectiles ogivaux à la distance de 63 mètres, et que ces derniers projectiles ont pénétré de 15 centimètres dans le mur, en faisant, par leur explosion, un entonnoir considérable.

D'un autre côté, M. de Saint-Robert, lieutenant-colonel d'artillerie piémontais, présente le résultat suivant déduit de la comparaison entre le tir d'un canon rayé de 4 et celui d'un canon lisse de 8 :

Espace battu, l'élévation adoptée étant de $2^m,50$.

CANONS RAYÉS DE 4.

Distance : 300^m, 500^m, 750^m, 1000^m, 1500^m, 2000^m, 2500^m, 3000^m.
Espace battu : 156,   95   56   39   21   13   8   5,50.
  Charge : $\frac{1}{7}$.

CANON DE 8 LISSE.

Distance : 300^m, 500^m, 750^m, 1000^m, 1500^m, 2000^m, 2500^m, 3000^m.
Espace battu : 263   119   56   31   11   5   2   1.
  Charge : $\frac{1}{3}$.

D'où il résulte que, contrairement aux résultats acquis par les expériences françaises, les projectiles des canons rayés ont, à une grande distance, une force de pénétration plus grande contre les revêtements, tandis qu'à courte distance l'avantage reste aux canons lisses.

Cette particularité est digne d'attention, parce qu'il n'est possible de faire une brèche praticable aux murs de la fortification rasante que par le moyen de batteries assez rapprochées pour découvrir le pied des murs en question.

2° Du nombre des différentes questions qu'il serait intéressant de résoudre, nous signalons les suivantes :

a Quel est l'effet produit par les projectiles explosifs des canons rayés en usage sur les masses de terre?

b A quelle distance maxima cet effet est-il vraiment dangereux?

c Quel est l'effet des mêmes projectiles sur des murs de blocage, soit solides et pleins, soit creux?

d Étant reconnue, en théorie, l'utilité des masses couvrantes, pour dérober les blocages à l'assiégeant, jusqu'à quel point convient-il d'en établir? Quelle élévation convient-il de leur donner? Quelle épaisseur doivent-elles avoir?

e Étant donné un front de casemates avec ses massifs de terre qui la couvrent, sera-t-il facile de détruire les casemates? Par quel moyen peut-on arriver à ce résultat?

f Quelle résistance les chemins de ronde ou les murs isolés de Carnot élevés devant les escarpes de terre opposent-ils à la nouvelle artillerie? Quel effet peut-on attendre d'une attaque dirigée sur ces ouvrages au moyen des canons rayés qui ont une plus grande précision de tir?

g Quel est l'effet produit par les canons rayés sur le but réduit qu'offre l'épaulement des tranchées et des batteries de siège?

3° La solution de ces questions nous conduit na

turellement à celle d'autres questions qui dérivent des premières. Telles sont celles-ci : A quelle distance doit se faire l'ouverture de la tranchée? — Dans quel rapport les canons rayés doivent-ils se trouver avec les canons lisses dans l'organisation d'un train de siége? — Quel doit être ce rapport dans l'armement des places et des positions fortifiées? — Quelles modifications convient-il d'introduire dans la forme et la grandeur des tranchées, etc., etc.?

Les expériences que nous venons d'indiquer sont commandées; il y a autant d'opportunité que de possibilité à les faire sans retard.

FIN.

ERRATA.

Page 18, ligne 11, au lieu de *balions*, lisez : bastions.

  « 18, ligne 22, au lieu de *face principale*, lisez : capitale.

  « 21, ligne 13, au lieu de *redoute*, lisez : réduit,

  « 25, ligne 9, au lieu de *camps et apparaux*, lisez : casernes et magasins.

  « 28, ligne 15, au lieu de *recul*, lisez : ricochet.

  « 30, ligne 3, au lieu de *tranchées*, lisez : sapes.

  « 30, ligne 14, au lieu de *bloage*, lisez : blocage.

  « 32, ligne 14, au lieu de *détestinés*, lisez : destinés.

  « 37, ligne 2, au lieu de *à l'épaule*, lisez : par derrière.

  « 37, ligne 14, au lieu de *posiitons*, lisez : positions.

  « 37, ligne 22, au lieu de *camps*, lisez : casernes.

  « 38, ligne 14, au lieu de *exemp-*, lisez : exemples.

  « 40, ligne 24, à la suite du mot *galeries*, ajoutez : à meurtrières.

  « 41, ligne 18, au lieu de *fig. 14*, lisez : fig. **2**.

  « 43, ligne 17, au lieu de *redoutes*, lisez : réduits.

  « 52, ligne 13, au lieu de *Carmontaigne*, lisez : Cormontaigne.

  « 55, ligne 14, au lieu de *sur les principaux* saillants, lisez : aux capitales des saillants.

  « 61, ligne 14, au lieu de *extérieur*, lisez : intérieur.

  « 63, note, ligne 2, au lieu de 1851, ligez : 1811.

  « 71, ligne 13, à la suite du mot *sont*, ajoutez : applicables.

  « 73, ligne 9, au lieu de *camps*, lisez : casernes.

  « 73, ligne 21, au lieu de *ses*, lisez : leurs.

  « 75, ligne 12, au lieu de *camps*, lisez : casernes.

  « 75, ligne 22, au lieu de *camps*, lisez : casernes.

  « 79, ligne 12, au lieu de *détonation*, lisez : bourre.

ERRATA.

Page 87, ligne 16, au lieu de *camps*, lisez : casernes.

  «   90, ligne 14, au lieu de *camps*, lisez : casernes.

  « 121, ligne 20, au lieu de *camps*, lisez : casernes.

  « 156, ligne 9, au lieu de 2, 23, lisez : 2° 23'.

  « 156, ligne 10, au lieu de 78, lisez : 78°.

  « 183, ligne 9, au lieu de *Naizet*, lisez : Noizet.

  « 246, ligne 23, au lieu de *explosion ou détonation*, lisez :
bourre.

TABLE DES MATIÈRES.

FIN DE LA TABLE.

OUVRAGES NOUVEAUX. — 1862.

Stratégie maritime à vapeur, du général sir Howard Douglas. Ouvrage traduit de l'anglais, avec permission de l'auteur, par FRANÇOIS-XAVIER FRANQUET, lieutenant de vaisseau en retraite. 1 vol. in-8, cartonné à l'anglaise, avec la planche des 27 figures de la stratégie maritime. . . . . 9 fr.

Expériences de tir faites à Juliers en septembre 1860. Compte rendu offert aux officiers de toutes armes, par G. WEIGLET, capitaine de la brigade d'artillerie de Brandebourg. — Traduit de l'allemand par THÉODORE PARMENTIER, ancien élève de l'Ecole polytechnique, chef de bataillon du génie, officier de la Légion d'honneur, etc., etc. In-8, avec 10 planches, dont 7 vues dessinées d'après les épreuves photographiques. . . . . 12 fr.

Examen de la brochure : Pourquoi l'Autriche a-t-elle été vaincue ? de A. D. A. ; suivi de discussions sur quelques-unes des causes de la perte de la bataille de Solférino. Traduit de l'allemand par J. PAULET, In-8. 5 fr.

Rapport au secrétaire d'État de la Guerre sur le résultat des recherches entreprises à Woolwich et à Chatam, sur l'application de l'électricité de différentes sources, à l'explosion de la poudre, par C. WHEASTONE, Esq., F. R. S., professeur de physique expérimentale au collége royal, à Londres, et F. A. ABEL, Esq., F. R. S., chimiste du département de la Guerre. — Traduit de l'anglais par J. F. MARTENET, chef d'escadron d'artillerie. In-8, avec planches.. . . . . 5 fr.

Sur la forme de la partie antérieure des projectiles allongés, par W. H. DE ROUVROY, lieutenant général saxon. — Traduit par RIEFFEL, ancien professeur aux Écoles impériales d'artillerie. In-8. . . . . 2 fr.

Organisation administrative de la marine militaire en Russie, par J. PAULET. In-8. . . . . . 2 fr.

Recherches sur l'organisation du corps du génie en Angleterre, par C. HEYDT, capitaine à l'état major du génie. In-8. . . . . 3 fr.

Considérations sur la constitution du fer, de l'acier et de la fonte, et application à la fabrication de l'acier et de la fonte à bouches à feu, par le baron SOBRERO, lieutenant général d'artillerie en retraite, de l'Académie des sciences de Stockholm, ancien élève de l'École polytechnique. — Première partie. In-8. 2 fr.

Nouvelles études sur l'arme à feu rayée de l'infanterie, par GUILLAUME DE PLŒNNIES, lieutenant en premier au 3° régiment d'infanterie de la Hesse grand'ducale. — Traduit de l'allemand par RIEFFEL, ancien professeur aux Écoles d'artillerie. 1 vol. in-8, cartonné à l'anglaise, avec 16 planches contenant 98 figures. . . . . 15 fr.

Espagne et Maroc. — Guerre de 1859-1860, par CHAUCHAR, capitaine d'infanterie. 1 vol. in-8° de près de 500 pages et 3 plans, cartonné à l'anglaise, ouvrage tiré à 100 exemplaires, prix. . . . . 12 fr.

Sur la vitesse de translation d'un projectile dans l'âme d'un canon rayé. (Dédié à M. *J. Duhamel, membre de l'Institut.*) par A. GORLOF, capitaine d'artillerie, secrétaire du comité de l'artillerie de Saint-Pétersbourg. In-8° avec planche, prix. . . . . 3 fr.

Les batteries de campagne Autrichiennes à canons rayés, par DE BOURSON, in-8° avec planche, prix. . . . . 3 fr.

Les navires cuirassés des États-Unis et de l'An-

gleterre, par Fr. de La Fruston. In-8° avec Planche. Prix. . . . . · 3 fr.

La Fortification moderne ou considérations générales sur l'état actuel de l'art de fortifier les places, par le colonel don Émilio Bernaldez. Mémoire couronné au concours de 1859, traduit de l'espagnol, avec autorisation de l'auteur. (*Mémorial de Ingenieros*, T. XV. 1860. 1 vol. in-8°, avec atlas cartonné à l'anglaise, prix.   20 fr.

SOUS PRESSE :

Instruction pratique pour l'usage du Pendule balistique à induction, par Martin de Brettes, chef d'escadron d'artillerie et professeur de sciences appliquées à l'École d'artillerie de la garde impériale. In-8, cartonné à l'anglaise, avec trois planches et tables pour le calcul du parcours d'un arc quelconque de 1° à 150° . . . .   15 fr.

Sur le mouvement et la dérivation des projectiles oblongs, par M. le lieutenant en 1er Rutzki, traduit de l'allemand, avec l'autorisation de l'auteur, par M. Rieffel, ancien professeur aux Écoles impériales d'artillerie. . . . .

Artillerie de campagne rayée, système Lahitte, par le lieutenant-colonel Rustow, traduit de l'allemand, avec l'autorisation de l'auteur. 1 vol. in-8°, avec atlas in-folio cartonné à l'anglaise, prix. . . . .   25 fr.

AVIS.

MM. les auteurs de tous ouvrages, inventions ou perfectionnements qui se rapportent aux *sciences militaires ou navales* en général, ou aux sciences des *armes spéciales*, sont priés de faire parvenir un exemplaire à M. CORRÉARD, éditeur, Paris, Place Saint-André-des-Arts, 3.

MM. les éditeurs et libraires d'ouvrages de science militaire et navale sont priés d'envoyer des exemplaires à la même adresse.

Il sera rendu de l'ouvrage reçu un compte impartial et aussi détaillé que le comporte l'importance du sujet traité, soit dans le *Journal des sciences militaires*, soit dans le *Journal des armes spéciales*.

Sceaux. — Imprimerie de E. Dépée.